INTERNET PLUS

互联网+

小米的局

王伟◎著

中国商业出版社

图书在版编目（CIP）数据

互联网＋/王伟著．—北京：中国商业出版社，2015.9
ISBN 978-7-5044-9023-0

Ⅰ．①互…　Ⅱ．①王…　Ⅲ．①互联网－影响－传统产业－研究－中国　Ⅵ．①F124

中国版本图书馆CIP数据核字（2015）第138054号

责任编辑：王彦

中国商业出版社出版发行
010-63033100　www.c-cbook.com
（100053　北京广安门内报国寺1号）
新华书店总店北京发行所经销
北京市燕鑫印刷有限公司

* * * * *

710毫米×1000毫米　1/16开　14印张　181千字
2015年9月第1版　2015年9月第1次印刷

定价：35.00元

* * * * *

（如有印装质量问题可更换）

前言

PREFACE

2015年的两会让“互联网+”一词迅速走红。在我国经济发展进入新常态的基本格局下，“互联网+”中的移动互联网、云计算、大数据、物联网项目，已经成为拉动国民经济增长的新引擎。

IBM公司智慧城市项目主管迈克尔·迪克森说：“互联网是前提条件，就像公路是公共交通的中心一样，互联网和水资源、天然气和电一样，改变了人们生活的方式，改变了政府提供服务的方式，改变了商业运转的方式。”

扑面而来的“互联网+”，是近几年互联网经济飞速发展的产物。毫无疑问，所有的行业最终都将“互联网化”。在这个时代，任何一个有梦想、有情怀的企业，都必须遵循互联网社会的逻辑做事。只有认清互联网时代的形势，才能走出一条符合自身特点的“互联网+”生存方式。成立仅仅五周年的小米公司，堪称互联网时代的一匹黑马。它的崛起之路充满了创新与颠覆，集中体现了这个大转型时代的特色。

小米公司成立于2010年4月，原本是一家开发智能手机的移动互联网公司。它以“为发烧而生”的口号研制出如今如雷贯耳的小米手机。

2011年12月18日，小米1手机首次在互联网平台上正式预售。仅在短短5分钟内，30万台手机就一抢而空。在随后的几年中，小米公司都是业绩最辉煌的企业之一——其旗下很多产品刚上市就被抢购一空。

据互联网数据中心的统计，小米在2014年的第四季度创下了1660万部手机的销售量，同比增长幅度高达178.6%。小米在国内成为仅次于BAT（百度、阿里巴巴、腾讯）三巨头的第四大互联网公司；在国际上，小米公司位列全球第五大智能手机制造商，前面四家分别为三星、苹果、联想、华为等实力派强企。

“小米现象”是互联网时代的一个奇迹，今后将在互联网经济史上留下创造性的一页。这家创业公司刚诞生时，舆论并没有预料到它会在两年后不断飞跃。许多业内人士都认为小米的未来充满了阻碍与危机，但小米还是在质疑声中保持了很强的发展势头。尽管小米在2014年的印度市场遭遇了知识产权官司，但痛定思痛的小米重振旗鼓，又向着印度等国际市场大踏步前行。

然而，在“互联网+”这个风口下，并非所有的行业都能像小米这样从中受益。受互联网浪潮影响最大的传统行业，几乎都面临被颠覆的严峻考验。不变则亡，但变未必能强。许多企业仅仅将“互联网+”片面地理解为电子商务，以为添购了互联网硬件设备，在互联网平台上开网店，就能与时俱进。殊不知，“互联网+”的本质是用互联网改造企业的运营流程与调整整个价值链，通过商业模式的创新来打通所有经脉。这要求传统企业必须舍弃以传统行业为本位的思维，站在互联网整合传统行业的高度看问题。若是只将互联网工具当作企业耳目的延伸，而继续采用传统思维方式运营，企业还是会止步不前，这与“互联网+”的内在要求相去甚远。

为避免进入本末倒置的误区，传统企业应该向小米学习，运用新思维解决新问题，在瞬息万变的互联网时代捕捉未知的战略机遇。

互联网时代的到来，不仅淘汰了许多行将就木的传统行业，也颠覆了很多产业的传统运作模式，甚至连曾经在信息革命中如鱼得水的全球500强跨国集团，也可能因为错过战略机遇，被不知从哪里杀出的黑马给打败。从这个意义上讲，“互联网+”让未来充满了莫测的变数。高科技企业虽有先发优势，但也难免遇上像小米这样后来居上的“奇兵”。起步较晚的传统企业虽然有太多不足，但也可能在互联网技术的帮助下突破长期困扰自身发展的阻碍。总之，谁都有机会在“互联网+”这个机遇下获得成就。当然，前提是能够找到适合自己长远发展的“互联网+”模式。

如今天下万物互联，几乎没有什么东西不被连入互联网。“互联网+”的对象，可以是互联网行业中衍生自身的新事物，也可以是传统的线下实体企业。从本质上说，互联网是改变人类生活与优化企业运营的主要动力。它让社会与企业从旧形态转化为适应信息社会发展需要的新形态，而小米的成长之路，就是一个破旧立新的缩影。

小米公司以智能手机发家，但它并不是按照传统手机商的办法来做事业。作为互联网时代的黑马，小米堪称“互联网+”模式的典型。小米创始人兼总裁雷军一直对社会各界宣扬自己的互联网思维，他把互联网思维归纳为“专注、极致、口碑、快”七字诀。其实，这远远不足以概括小米“帝国”的发展之路，也不足以穷尽“互联网+”的奥秘。

小米将用户体验视为企业的生命，以不惜代价做好“让用户尖叫”的产品为目标。它专注于开发拳头产品，寻找全球最优秀的代工厂与供应商合作。一方面积极听取广大用户的意见和反馈，另一方面极力将硬件零售价格压低到接近成本价。再加上网上直销的销售模式，小米节省了不少中间环节，大大降低了销售成本，提高了运营效率。

为了充分发挥粉丝经济的效用，小米非常重视用户体验。小米真心真意地与用户做朋友，为“朋友”提供高品质的服务。为此，小米建立了业内规模最大的服务团队，并在多个城市设立了“小米之家”服务中心。通过多方努力，小米把用户转化为具有共同价值观的粉丝团——“米粉”。在长期而深入的互动中，广大粉丝积极帮小米改善产品设计，宣传企业的口碑。可以说，这是小米能够实现腾飞的一个重要原因。

互联网经济发展一日千里，谁也预料不到明天会出现什么新的颠覆性创新。所以，小米把快速迭代也视为“互联网+”的一个法宝。

快速试错，快速迭代，争取比对手快一步抓住市场新机遇。尽管做不到次次命中，招招料敌先机，但小米依然在一步步迅速壮大。这很大程度上要归功于其颇具“互联网+”特色的运营方式。

小米舍弃了传统手机商与互联网公司的管理模式，采取了一种十分扁平的组织结构，从而大大加快了企业对市场变化的反应速度。小米将权力交给各个项目团队前，花费大量时间在全球寻找高端人才。一旦发现了优秀人才，就会用高标准的待遇和十足的诚意来打动对方。正因为团队负责人都是行业中的佼佼者，小米才能放心将权力下放给各个项目团队，让所有员工都以创业之心来奋斗。

随着事业的不断壮大，小米和 BAT 三巨头、乐视等竞争者一样，开始建设自己的生态链。

跨界整合资源在互联网时代不是什么稀奇的事，两个毫不相干的行业，也可能在一日之内被纳入同一个品牌旗下。随着跨界整合的不断加深，有远见的企业都致力于打造以“互联网 +”为主导的商业生态链。这是各大企业角逐的焦点。可以说，谁能打造出更完善的生态链，谁就有望构建一个覆盖全领域、全纵深的生产服务体系，在未来市场中占据领先地位。

如今小米已经隐隐发展成一个新兴的移动互联网帝国，成为各大企业关注的焦点。在这短短五年中，小米从无到有，不断刷新着人们对互联网时代的认识。由此可见，这匹“互联网 +”的黑马，对于各行各业的创业者来说，都是一个颇有代表性的借鉴对象。

目 录

c o n t e n t s

第一章 小米是怎么做大的：就是“互联网 +”

第二章 互联网七字诀：专注、极致、口碑、快

第三章　移动互联网时代：小米是如何做“互联网+”的?

第四章　小米的思路：硬件 + 软件 + 移动互联网

第五章　口碑营销：口碑的真谛是超越用户的期望值

第六章 生态链增值：揭秘小米生态链的野心

第七章 跨界融合：使人们的生活方式出现崭新的形式

第八章 雷军的野心：小米野蛮生长的内幕

第九章 粉丝经济：小米“一炮而红”背后的玄机

小米是怎么做大的：就是“互联网+”

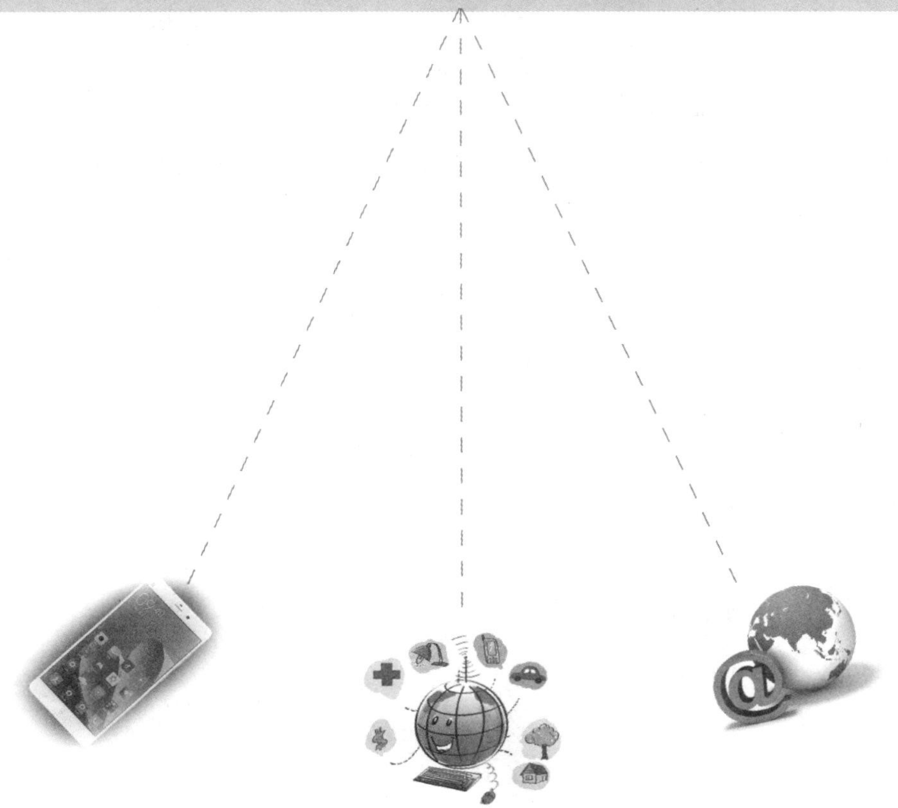

在如今这个大众创业、万众创新的年代，互联网对各种传统企业的升级改造，将成为我国经济发展的新增长点。互联网时代到处都是创新与颠覆，各种产业的形态正在被重构，消费者的生活也在不断变化着。从整体上看，“互联网 +”浪潮是一个新的风口。在互联网时代，任何一个想做大做强的企业，都应该认清互联网时代的基本特征。只有这样，才能结合自身的情况，闯出一条符合自己发展的“互联网 +”道路。

不同类型的企业，由于自身情况的差异，都需要寻找适合自己的“互联网 +”模式。假如只是盲目地添购互联网硬件设备，而没有将互联网当成促进商业模式转型的助推器，就会陷入本末倒置的误区。“互联网 +”并不局限于单一形式，但其本质上都是利用了互联网平台的开放性与互动性。

“互联网 + 传统行业”不等于“传统行业 + 互联网”。传统企业互联网化的难点不在于技术升级，而在于观念转变。也就是舍弃以传统行业为本位的思维，站在互联网整合传统行业的高度看问题。在日新月异的互联网时代，哪怕是曾经以创新精神著称的世界知名企业，也可能错判发展趋势，从而被新兴的后起之秀甩到身后。从某种意义上说，企业的核心竞争力并不在于某个产品或某项技术的创新，而在于创造自己的“互联网 +”商业模式。正是凭借商业模式的创新，小米才能在迭代迅速且不断创新的今天占稳一席之地。

1. 互联网时代与“互联网 +”

21 世纪初的互联网泡沫破裂，使得许多红极一时的高科技企业淡出了消费者的视野。但这并没有让人们对互联网经济丧失信心。因为互联网这一第三次科技革命的标志性成果，缩短了地球各国之间的距离，让人类社会产生了翻天覆地的变化。应运而生的新事物可能会受到一时的重挫，但不会就此消亡。近几年来，互联网经济一直不断刷新大家的认识，“互联网思维”与“互联网 +”等概念铺天盖地地袭来。这是一个充满创新与颠覆的互联网时代，各种产业的形态正在被重构，消费者的生活也在不断变化着。从整体上看，“互联网 +”热并不是一扫而过的龙卷风，而是时代转型的浩浩洪流。

尽管互联网经济每天都在推陈出新，颠覆人们的三观，但可以明确的是，互联网时代有三个基本趋势：

第一，所有传统产业都将面临着升级转型的压力，不变则亡，变革不得其法也会亡。

媒体常说互联网经济颠覆了各行各业与传统商业模式。这里用“颠覆”而不是“淘汰”一词是有道理的。“淘汰”就是该产业完全退出历史舞台。比如，旧社会里走乡串村贩卖商品的货郎，已经被乡镇企业与物流配送网络所取代。自从人类进入工业社会以来，许多农业社会的“老手艺”都陆续失传。而互联网时代的到来，也淘汰了不少工业社会中不适合发展需求的行当。比如，上世纪 90 年代依然盛行的胶卷产业，被数码相机与具备照相功能的智能手机给淘汰掉了。而我们今天说的“颠覆”，并不是消灭某个传统产业，而是促使它们换代升级，由旧形态转入适应互联网环境的新形态。例如，在通信产业领域，传统的手机语音通话与短信收入大幅度下降，数据流量业务成为新的主打利润源。微信等即时通信 APP 的产生，大大改变了人们的沟通方式，甚至连通常对高科技产品不太感兴趣的老年人，也对微信以及智能手机爱不释手。从这个案例可以看出，互联网的进步并不是把通信产业全部淘汰，而是推动了产业格局的转型升级，让通信产业在整体发展上获得了更广阔的空间。故而腾讯总裁马化腾指出：“它（互联网）是对传统行业的升级换代，不是颠覆掉传统行业。特别是移动互联网对原有的传统行业起到了很大的升级换代的作用。”

此前的互联网经济主要是“互联网 + 零售”。而在今天，“互联网 +”已经在第三产业得到了全面应用，并开始渗透到第二产业甚至第一产业。例如，“工业 4.0”的概念可以理解为“互联网 + 制造业”。消费互联网时代已经走近尾声，产业互联网时代已经开启。这也是广大企业都需要注意的情况。

第二，互联网经济也进入了新的阶段，打造产业价值链与商业生态圈成为胜负关键。

在上一阶段中，互联网经济的商业模式核心只有短短四个字——流量变现。互联网门户、网络游戏、搜索引擎、社交媒体统治着过去的互联网，数量惊人的用户规模使得企业获得了难以想象的巨大流量。互联网企业常说“以用户为中心”，追求改善用户体验，本质上就是为了获得更多的流量，再通过流量变现来获取巨额利润。

在那个流量就是一切的时代，互联网经济呈现出赢家通吃的局面。当时电子商务在中国初露头角，商业模式比较简单，供需都在互联网上完成。市场竞争的关键就是拼流量。在流量变现模式下，谁掌握的流量

多，谁就掌握了流量的定价权。胜利者会对用户流量形成某种程度的垄断。例如，门户网站新浪与腾讯 QQ，都是通过流量来赚取广告收入或其它收费服务收入的。但随着第二代互联网的到来，单纯的流量变现并不能对抗更加体系化的产业价值链与商业生态圈。

从目前各大互联网领军企业的表现来看，第二代互联网的发展方向主要有两个：一是大数据与云平台整合所有的相关资源，构建跨行业的产业物联网；二是打通实体产业，实现线上线下一体化（即 O2O 模式）。前者是打造商业生态圈的基础，后者则摆脱了第一代互联网过于侧重虚拟经济的局限。

据业内专家分析，能在第二代互联网阶段胜出的企业主要有两类。

一类是具有渠道垄断与品牌溢价优势的传统行业龙头。它们凭借多年积攒的综合优势，集中了该行业的大部分资源，尚无黑马可以动摇它们现有的平衡格局。“互联网 +”对这些龙头企业形成的颠覆，其实只是简化其传统产业链并大幅度削减渠道 / 品牌成本，从而形成更高的效率与更优质的服务。这将对传统产业带来所谓的“破坏性创新”。行业龙头掌握的数据，为商业模式云端化、大数据化带来了充足的资源，从而形成更高层次的行业垄断格局。

另一类则是发展不够成熟的。集中度低的行业企业。这类企业由于固有运营服务模式的“痛点”多，信息数据不够透明，信用体系尚未健全等因素，存在许多可以改进的空间。这就是升级潜力。实践证明，互联网可以帮助这类企业改善由来已久的众多行业痛点，大大改善用户体验的满意度。由于这类企业在实体经济领域累积多年，最熟悉本行业急需改进的问题，在接入云平台、大数据、物联网之后，将能比半路加入的新兴互联网企业拥有更强大的线下资源。通过线上线下一体化的 O2O 模式，相关行业的成熟度也会水涨船高。

大概没有多少人会想到，以“破坏式创新”颠覆各种传统行业的 PC 端互联网，正在被移动互联网以同样的形式颠覆着。从 2014 年 12

月开始，百度公司发现 PC 端对企业收入的贡献率已经被移动端所赶超。从这个意义上说，互联网公司开始向移动互联网公司转型。未来的产业价值链与商业生态圈很可能会围绕着移动互联网进行。

第三，“互联网 +”将掀起一个“大众创业，万众创新”的新潮流。

截至 2014 年 6 月，中国的互联网普及率为 46.9%，拥有 6.32 亿互联网用户，短短半年就新增网民 1442 万人。在我们的注意力还放在网购“买买买”时，中国已经悄然成为全球第一大互联网零售市场。我国经济发展已经进入了新常态，发展速度将由高速放缓至中高速，经济产业结构也面临重大调整。因此，以激活社会创新能力为目标的“大众创业，万众创新”战略，将成为今后互联网经济发展的一大重点。

互联网时代的创新呈现出多样化趋势。例如，在 2014 年中许多行业都以自己的方式实现了互联网化。包括洗衣行业之类的传统服务业，也衍生出“互联网 + 洗衣”的商业模式，催生了“荣昌 e 袋洗”这一新兴互联网品牌。互联网天生具有颠覆性，给各行各业带来了意想不到的爆发力。“互联网 +”模式的一大优点就是普适性。它可以与任何行业进行融合。在这个新创意、新技术发明不断涌现的时代，知识密集型的小微企业，可以通过“众筹”等新型营销模式来发展壮大。这也为“大众创业、万众创新”提供了较为优越的条件。

政府在全国各地打造了高新技术产业园与创意文化产业园，将这些园区视为推动万众创新的孵化器。但大多数传统产业园区往往存在这样那样的弊端，特别是没有与互联网时代发展要求相契合，无法对小微企业与创业企业实现“互联网 +”模式转型提供足够的支持。不过，随着“互联网 +”潮流的不断前进，这些传统产业园区将逐渐与互联网公司的商业生态圈进行全面整合。众多“互联网 + 生活服务”的 O2O 企业，将构成一个资源与信息共享水平更高的产业链，商业生态圈也将由此形成。对于大众创业而言，便利的生活设施与优越的创业环境，将大大推

动万众创新的热情。

尽管目前中国互联网市场形成了以少数知名强企为轴心的格局，但谁也预料不到未来的互联网经济会不会杀出新的黑马。毕竟在五年前，谁也没能预料到小米手机能击败众多国内外品牌手机商，迅速成长为国内的智能手机知名品牌。

小米顺应了互联网时代的发展规律，先是主动革新了传统手机行业的商业模式，并借助其它环节的强大伙伴构成了自己独特的智能移动终端产业链。更重要的是，小米在研发阶段就十分注重与“米粉”（小米产品的忠实用户群体）的互动，抓住了互联网时代开放式创新的新特点。

今天的形势发展一日千里，企业不触“网”就不能变强。但互联网经济的颠覆性、开放性、残酷性将考验着所有的传统行业，甚至是互联网企业。没有谁能够躺在功劳簿上高枕无忧，你今天能颠覆别人，明天就可能被某个无名小卒所颠覆。在互联网时代，任何一个想做大做强的企业，都应该认清互联网时代的基本特征。只有这样，才能结合自身的情况，创造出一条适合自己发展的“互联网 +”道路。

2. 小米——“互联网 +”模式的结晶

在互联网经济发展史上，小米现象会成为十分重要的一页。这个诞生不过短短几年的互联网公司，硬是在舆论的质疑中不断刷新人们的三观。时至今日，依然有人在告诫说小米的未来可能很危险。但无可否认，作为互联网时代的后起之秀，小米与中国互联网的 BAT 三巨头（百度、阿里巴巴、腾讯）一样都是“互联网 +”模式的结晶。正是凭借商业模式的创新，小米才能在迭代迅速且不断出现颠覆性创新的今天占稳一席之地。

在 2015 年两会期间，李克强总理在《政府工作报告》中宣布在中国开展“互联网 +”行动。这是互联网思维首次被写入政府报告当中，标志着发展互联网经济已经成为中国的国家战略。

那么，该怎样理解“互联网 +”模式呢？

有些人认为，“互联网 +”模式就是互联网营销，利用互联网平台的便捷性来推广自己的产品与品牌。有些人认为，“互联网 +”模式就是用互联网去颠覆传统行业，让那些落后于时代的低效资源被高效资源整合。还有一些人认为，“互联网 +”模式就是信息化与工业化的融合，利用互联网技术来开拓智能生产生活的新时代。

尽管政商学界的专业人士，对这个关键词的解读各有不同，但在大方向上基本一致。所谓“互联网 +”模式好比是一道化学式，它利用越来越完善的互联网平台与信息通信技术，将各行各业（尤其是传统行业）连入了一张大网中。这些行业不仅仅是多了一条无形的沟通渠道，

还少了那些长期矗立在各行各业之间的壁垒。互联网 + 零售、互联网 + 金融、互联网 + 医疗、互联网 + 交通、互联网 + 农业等，几乎所有的行业都会被互联网加快发展速度，扩宽发展渠道，并进一步舍弃不符合互联网市场环境的旧形态，演化出与互联网高度融合的新形态。

由此可知，“互联网 +”是互联网时代的一场产业革命。它是互联网技术与各种行业深度融合的产物，将彻底改造每一种传统行业在新时期的生存方式。

互联网时代的发展大潮浩浩荡荡，但并非每个行业或每一家企业都能从中受益。曾经以耐摔耐用的过硬质量闻名于世的品牌手机商诺基亚，就因为没能把握住新兴市场的潮流，于 2014 年 4 月 25 日黯然退出历史舞台。这家手机销量连续 15 年位居世界第一，掌控着全球 40% 的手机市场的昔日王者，与刚过 5 岁生日的小米公司，分别成为了“互联网 +”模式的淘汰对象与成功样板。

就事论事，诺基亚并非对互联网时代毫无知觉，也曾在苹果手机爆红全球之前研发自己的智能手机。遗憾的是，智能手机市场的惨败让诺基亚一蹶不振。反观小米的智能手机，在技术上并没有太多惊人的原创，却能获得令人赞叹的销售成绩。一家新创业公司，火速成长为影响整个互联网行业格局的新巨头。小米的胜利并非偶然，靠的是抓住了“互联网 +”的“魂”。

“互联网 +”模式也分为“体”与“魂”。那些只抓住“体”的公司（如诺基亚），是无法在残酷的互联网市场竞争中生存的。

先进的信息通信技术是“互联网 +”的基础。在传统产业的价值链中加入互联网工具，实现广告、营销、生产、服务等环节的互联网化，开发与建设移动互联网、大数据、云计算、APP 运用、智能终端设备等等，都可以视为“互联网 +”的“体”。

而“互联网 +”的“魂”，是不同于传统观念的新思维，小米将其称之为“互联网思维”。互联网思维真正体现了“互联网 +”的精髓，通过对各种传统产业的价值链进行改造，使之被整合入互联网平台当中。而包括诺基亚在内的许多公司有个误区：把“互联网 + 传统产业”等同于“传统产业 + 互联网”。如此一来，它们只不过在传统的价值链中安装了网线，而没有真正将平等、开放、透明、互动的互联网特性充分发挥。这就是没有把握住“互联网 +”的“魂”的表现。

没有“体”，就无法安定“魂”，不能称之为互联网公司。但没有“魂”，对“体”的投入再多，也不过是一具空有“互联网公司”名号的行尸走肉。

互联网时代的信息与数据空前升值，它们可以转化为能量惊人的生产力。这是“互联网 +”模式颠覆传统商业模式，促进产业转型升级的根本原因。假如光有大数据工具，而缺乏从数据中挖掘用户需求曲线的思维的话，就会导致“互联网 +”模式陷入魂不附体的困境。诺基亚就是一个令人痛心的反面教材。它一没有预见到智能手机市场的变化，二没能抓住当时最受用户欢迎的安卓系统，选错了合作对象。假如它能像小米那样着眼于抓住用户的“痛点”，也许不至于跑错方向。

若是比拼智能手机的技术创新，小米还难以与苹果相提并论。但小米最大的长处在于把握住了“互联网 +”模式的核心——真正倾听用户的需求，借助大数据分析等互联网工具来优化运营流程，提高产品研发迭代速度，快速改进服务质量，不断改善用户的体验。

小米对“互联网 +”模式的利用，是一次又一次的激流勇进。

想当年，苹果应用程序商店 App Store 大获成功，而安卓开发的 Android 操作系统也来势汹汹。但小米此时很低调，推出了基于 Android 的手机操作系统 MIUI。这个营销策略果然赢得了一批刷机爱好者的好感，从而形成了最初固定的粉丝群——“米粉”。经过 A 轮融资后，小米与全球最大的代工厂富士康进行合作，正式进军智能手机市场。小米在此期间推出了低位定价 1999 元的首款国产双核手机（小米自己专心搞研发，让合作伙伴主持生产）。雷军向人们展示的互联网手机市场前

景，赢得了大量代工订单。经过三轮融资后，小米手机的硬件成本大幅度下降，并且通过互联网直销的方式，减少了中间环节。这种“两头在内，中间在外”的产业格局，让小米从此步入了营销的辉煌阶段。

传统的商业模式有四个环节：生产——发货——零售渠道——用户。小米的商业模式只有两个环节：用户预订——生产发货。虽然中间环节简约是“互联网 +”模式的一个主要特点，但能做到这点并不简单。

在我们眼中显得落后的传统商业模式，是经过漫长岁月积淀而成的最优流程。由于互联网时代前的交通通讯技术落后，既不能以低成本的方式迅速扩大影响力，更没法逐个精准采集大量用户的个性化需求，也不能借助四通八达的物流配送体系扩大营销活动半径。为了让货物进入更广阔的市场，企业不得不利用多层级的渠道商来扩张市场。像传统企业那样流水生产大量产品，占用许多库存，然后投入市场中看反馈结果。假如摸准了市场变化趋势，新产品就可以一炮打响；假如不幸偏离了市场需求，就会落得诺基亚那样的悲剧结局。

小米幸运地诞生于互联网时代。它可以借助互联网预售、团购等方式让用户先行预订想要的个性化智能手机，再根据精准的订单需求来精准地生产发货。如此一来，小米就不需要像传统企业那样被动地盲目生产，而能通过预先确定市场需求信息，按预订的计划生产符合用户要求的产品，大大提高资金的利用率与周转速度。

由此可见，小米现象是互联网经济发展的产物。小米抓住了“互联网 +”的“魂”，顺应了手机产业互联网化转型的潮流，故而能屡屡创造商业奇迹。从这个意义上说，小米的成功代表着“互联网 +”模式的成功。

虽然不同类型企业的“互联网 +”模式，并不局限于单一形式，但彼此都有一些相通之处。例如，上述案例中的“用户预订——生产发货”的流程，本质上就是利用了互联网平台的开放性与互动性。要做到这点就得树立两个意识：

首先，尽可能地与企业锁定的目标市场的最终用户进行对接。

互联网时代的信息数据在增值，特别是那些与最终用户互动而得来的信息数据。在过去，我们并不能直接从用户那里挖掘到细致的需求信息。从街头问卷调查中采集的数据，远不能与今天网上问卷调查的规模相提并论。更重要的是，无论调查问卷设计得如何精巧，都摆脱不了企业的主观性影响。而通过互动来获得最终用户对个性消费需求的完整描述，或者根据预售产品的追加需求信息，则可以获取最有用的消费数据。如此一来，企业就能告别猜测式的传统生产模式，向“零库存”与精益生产的方向转向，实现经营效率最大化。

其次，尽可能地减少多余环节，并设法来捕捉硬件成本下降的时机。

小米的预售模式不仅避免了传统生产模式的盲目性，也缩短了销售周期。互联网时代的技术更新很快，某个技术创新推出后不久，就会广泛传播，在数个月后普及开来，使得生产成本比最初时下降不少。以小米 1 为例，销售周期是 18 个月。小米推出新品时就预售，但在销售周期的前期只是少量发货，等到若干月后技术成熟、硬件成本下降时再大量发货，这样就大大提升了智能手机的利润空间。这种思路也许能给不少有志于创建“互联网 +”模式的企业带来借鉴。

3. “互联网+传统行业”≠“传统行业+互联网”

意识到“互联网+”模式的重要性也许并不困难，但真正玩转互联网就不能不分清主次。我们常说用互联网重构传统产业，有些人会理解成“互联网+传统企业”，还有一些人会解读为“传统企业+互联网”。两者间的差异并不只是简单的文字换位，而是关系到以谁为主的问题。

“互联网+传统行业”是从互联网思维出发，通过创新运营方式与改变价值链来整合各种传统产业的资源。而“传统行业+互联网”往往是沿用了传统产业的思维方式与运用方式，仅仅将互联网工具当作耳目的延伸，并没有构建新商业模式的意识。

众所周知，互联网正在全面向三大产业中的几乎所有行业渗透。但这种渗透并不是指某家农贸公司在办公室设置了WiFi，某个美容店建立了自己的官方网站，也不是指企业单纯地把产品挂到网上去卖。后者不过是互联网经济中十分常见的以电子商务为依托的在线营销模式。

以“三只松鼠”和“槑完槑了”两个近年来兴起的食品零售电商品牌为例。“三只松鼠”销售的是坚果，“槑完槑了”的主打产品不过是再普通不过的话梅。但两家公司并不是以传统食品零售商的思维方式来经营。“三只松鼠”打造了一系列具有互联网特色的“鼠文化”，借助各种互联网社交媒体开展营销服务。“槑完槑了”的思路也大体相同。两者皆不是在门户网站上挂个广告就了事，而是将服务体系融入互联网平台，与消费者们保持着广泛的互动关系。这与小米的粉丝经济哲学不谋而合。

小米是个卖智能手机的公司，这只是表面现象。国内外手机品牌无数。比如，曾经全球第一的诺基亚与小米，虽然两者都是卖手机的，但一个被收购了，一个已经开始向全球智能手机市场进军。

它们的区别在哪里呢?

诺基亚是纯粹的手机商，沿用着手机商的传统思维来做智能手机，而没有构造自己的互联网商业生态圈。这就是“手机 + 互联网”模式。而小米实际上是一个移动互联网帝国，智能手机是其整个商业生态圈的纽带。这才是“互联网 + 手机”模式。而支持这个帝国的就是小米的粉丝文化。

从推出 MIUI 起，小米就走扎根用户的路线。小米维系用户的办法很有互联网特色，与手机发烧友及社区资深玩家保持长期的平等互动，提高用户的参与感与体验感。特别是让这些忠实粉丝直接参与到手机开发过程中。

小米每周五都会给发烧友们提供新版本试用。这些熟悉手机功能且个性化需求多多的“米粉”会给出最直接的反馈意见。这样一来，小米的研发团队就明白应该改善哪些方向了。就实而论，小米手机并不是什么超人一等的绝世佳品，但它牢牢抓住了广大小米用户的实际需求。后来的米聊等新产品，都延续了这个模式。这种做法采用了互联网社交的思路。互联网为人类带来了前所未有的动员能力与集结能力。在网上发一封求助信，很可能吸引全世界数十万甚至上百万的人参与。小米就是通过加强互动的反思，维系了数十万规模的小米发烧友的。从他们的反馈意见中，小米可以采集到样本容量更大的用户数据，更准确地挖掘出其中需求，以便预测下一个市场热点所在。这种高度互动的营销模式，与诺基亚式的传统手机商大相径庭，更接近互联网公司的做法。故而，小米经常宣称自己是国内第一个互联网手机品牌广商。

当然，这种模式运营的前提就是成熟的技术与经过改造的价值链及运营流程。传统行业的公司未必缺乏新技术，但缺乏活用互联网工具创

新商业模式的意识。这使得它们在互联网化过程中，滑入了“传统行业 + 互联网”的误区。其实，就算是一直领跑互联网时代的高科技企业，包括以主动颠覆自己的创新精神著称的微软公司，也不一定能把握住互联网经济的新变化。

从上个世纪开始，微软就是互联网产业的风向标。但开启一个时代的微软，在移动互联网浪潮中却被苹果打落神坛。每个使用 PC 电脑或笔记本的人，都会接触到微软的 Windows 系列操作系统。而拥有 iPhone 或 iPad 等苹果产品的人则要少得多。但令人惊讶的是，微软所有产品收入的总和，居然比不过苹果从 iPhone 上得到的收入。

通常，人们把除互联网之外的其它行业称之为传统行业。移动互联网时代的到来给世界上了一课，互联网行业在新一代互联网技术降临时，同样可能沦为需要转型升级的传统行业。

iPhone 刚问世时，PC 互联网产业正处于鼎盛期，移动互联网尚未显示出巨大的潜力。因此，微软高层认为苹果的 iPhone 不会赢得市场。遗憾的是，当时的微软高层缺乏苹果创始人乔布斯的战略眼光，未能察觉移动互联网颠覆 PC 互联网的重要武器——更便捷省力的用户体验。

微软当时着眼于开发平板电脑。世界上第一台平板电脑同样是由微软出品。不过，微软是将平板电脑定位为更轻巧的 PC，想让 Windows 系统兼用于传统 PC 与平板电脑。而乔布斯另辟蹊径，使苹果的平板电脑 iPad 不同于传统 PC 的新型智能移动终端，从而一举拿下了平板电脑市场的主导权。

尽管微软早在 2003 年就涉足移动互联网市场，并发布了自主研发的智能手机 WindowsMobile2003，但 2007 年上市的 iPhone 凭借更符合移动互联网用户习惯的设计，很快让微软的市场份额狂跌到不足 2%。

这个案例生动地表明，互联网时代的形势瞬息万变，不是正在颠覆就是在即将颠覆的路上。无论企业的传统优势多么大，都有可能由于缺乏“互联网 +”意识而失去发展良机。

互联网改造传统行业是大势所趋，没有任何退路。但仅仅是在传统运营理念基础上铺设互联网工具，是不可能完成这一艰巨任务的。“互联网 + 传统行业”不等于“传统行业 + 互联网”。技术上的升级并不困难，市场上有无数互联网公司可以提供硬件设备与大数据等第三方服务。真正的障碍是传统守旧的观念，舍弃以传统行业为本位的思维，站在互联网整合传统行业的高度看问题。

2015 年的“两会”正式将“互联网 +”上升为国家发展战略。其中“互联网 + 农业”，成为一个重要发展方向。以阿里巴巴为代表的互联网巨头，也盯上了这块看似离互联网最遥远的市场。因为这里面蕴藏着巨大的潜力。

作为最古老的传统行业，农业最大的劣势就是生产周期长、市场反应速度慢。在信息严重不对称的过去，农业发展常常出现“一窝蜂”的乱象。什么东西好卖，大家扎堆生产那种农产品，而结果来年供过于求，导致农产品全部滞销，投资打了水漂。

“互联网 + 农村”克服了信息不对称的瓶颈，可以让农民充分把握市场动态，开拓各种需求量大的副业。在这个背景下，村民运用互联网平台来销售农产品，脚不离村就能获得远超过去的收入。例如，浙江义乌市青岩刘村通过淘宝网店与实体农业的结合，发展成了富裕的“淘宝村”。在农村人口纷纷流入城市打工，许多农村日渐凋敝的今天，青岩刘村逆袭成功。全村最初只有 1500 人，后来不断发展壮大，共有 1.5 万人创建了几千家淘宝网店。这是“互联网 + 农村”的一个典型案例。

然而“互联网 + 传统行业”并不是开设在线销售平台那么简单，而是需要一系列的配套措施。企业不应把目光局限于让本行业触“网”，可以先减少不必要的多余环节，将运营流程优化到尽可能简捷的程度。更重要的是，企业应当建立一个与自己的最终用户密切有关系的长期互动机制。这样才能将传统行业的各环节与资源、用户真正联系在同一张网络下。

4. 找到自己的“互联网 +”

目前，媒体已经将“互联网 +”称为下一个风口。传统行业已经从当初被互联网颠覆的震惊中渐渐缓过神来，开始将互联网视为让自己脱胎换骨的利器。在这个大众创业、万众创新的年代，互联网对各种传统企业的升级改造，将成为我国经济发展的新增长点。但是，互联网市场如同浩瀚大海，有醉人的壮丽风景，有凭鱼跃的广阔空间，有无穷无尽的潜在财富，也存在难以预料的风险。因为“互联网 +”不会是给企业添加互联网设备那么简单。在这个瞬息万变的互联网时代，任何流于形式的东西，只会被竞争对手更快地打败。

自从 2015 年“两会”以来，政府的“互联网 +”行动计划给各行各业打入了一针强心剂。目前，有些地方已经在尝试政企合作开发云计算、大数据、物联网等互联网体系的基础设施，并将互联网金融、工业互联网视为拉动内需与扩展国际市场的助推器。

具有先发优势的互联网巨头，将借助这一风口的力量，进一步扩展自己的战略布局。而对于那些起步较晚的传统行业而言，互联网虽能起到助推器的作用，但能否找到自己的“互联网 +”，还需要时间来摸索。

从本质上说，“互联网 +”的目标是创造符合互联网经济环境特点的新形态，通过将互联网技术与新商业摸索融入社会经济的方方面面，来提高实体经济的生产效率与创新能力。因此，“互联网 +”的对象，可以是互联网行业中衍生自身的新事物，也可以是传统的线下实体企业。互联网相当于一个基础设施，任何不能介入这个基础设施的企业，都很容易被激烈的竞争淘汰出局。但与此同时，互联网并不是依附于各行各业的技术设备，而是变革人们生活与优化企业运营的主要动力。

企业在寻找自己的“互联网 +”时，应该意识到一点——“互联网 +”中不仅要做加法，也要做减法。《道德经》里有句话叫做：“为学日益，为道日损。”传统行业的互联网化进程，更多时候就是“为道日损”。老子说：“损之又损，治愈无为。”而企业的“损之又损”，减少的是自己原有的发展瓶颈，丢掉包袱以便轻装上阵。

在目前小有成就的“互联网 + 交通”“互联网 + 医疗”“互联网 + 教育”等领域，大数据等新兴互联网技术对这些行业的海量数据进行高效处理，将无数用户的情况整理成数据库，从而可以节省许多重复劳动与盲目作为。其中比较典型的是交通领域的“互联网 +”。

交通是城市基础设施中最重要的组成部分之一。随着城市规模的不断扩张与私家车的普及，交通拥堵与管控问题日益突出。

大数据、云计算催生了新型城市交通综合信息平台。这种综合信息平台可以让管理者全方位全天候地了解各个地点的交通状况。坐地铁的乘客可以在地铁电视中看到几个主要路段的拥堵情况。他们看到的信息就是来自于交通综合信息平台从各路段摄像头中采集到的实时数据。当某地突发交通事故时，传感设备会立即将数据上传到综合信息平台。不超过 3 分钟，平台就会在大屏幕上发出警报，随即自动调出该路段的监控视频，以便交管部门采取对应的措施。

“互联网 + 医疗”也是公共服务升级转型的一个重要内容。医疗卫生对人们的日常生活影响极大。每天就医的人数非常多，他们的伤病情况又十分复杂，传统的病历能记录的信息有限。为了提高医疗水平，需要建立一个区域卫生大数据中心。医疗大数据库可以收集海量的患者信息。每一位患者都将在大数据库里生成完整的就诊记录与诊断结果。医生通过查阅医疗大数据库里的信息，可以完整地了解每个患者的病史与治疗情况，从而提高诊断的准确率与治疗的效果。

互联网对这两个领域的改造，主要表现在资源整合与数据共享两方面。通过数据共享，将原先分散的资源变得集中起来，从而更高效地发挥其应有的价值。随着移动互联网的不断发展，传统企业的互联网化也将朝着移动互联网化方向发展，以实现随时随地连接一切的目标。这就需要“互联网 +”做减法，减少信息传递的障碍，减少组织管理的层次，让企业的营运流程更简捷化，让企业的组织结构更扁平化。这样才能加快信息数据的交换速度与管理层的决策速度。

“互联网 +”对企业效率的提高有显著效果。联网营销的广泛运用，将大大提升企业线下运营的效率，从而挖掘出新的利润增长点。

通常而言，电影院在淡季仅有 15% 的上座率，剩下 85% 的座位是一笔可观的闲置资源。通过互联网渠道的销售，特别是微信支付等新兴的移动互联网渠道，将以很低的成本吸引更多观众进电影院。如此一来，85% 的闲置座位就有可能被盘活了。

与互联网营销相配套的是发达的物流业和制造业。假如没有覆盖范围极广的物流体系，没有那些借助互联网平台控制零售渠道的快递公司，那么互联网经济也发展不起来。“互联网 + 制造业”则催生了以智能生产为标志的工业 4.0（美国人称之为“工业互联网”）。美国通用电气集团将大数据用于飞机引擎的预防性维护，通过传感器采集的飞行数据，通用电气能及时地预测出喷气引擎可能出故障的时间点以及故障类型，让航空公司早做准备。据悉，美国在采用了工业大数据后，减少了航班延误或取消不下 6 万次。而飞机的燃油效率也有所提高，平均每提高 1% 的效率，航空业每年就可以节约 20 亿美元。显然，这些都是“互联网 +”带来的好处。

马化腾是“互联网 +”的最早提出者之一。他认为“互联网 +”不仅仅是业务电商化、支付手机化等等，而是不断的连接。

马化腾指出：“我们把过去的很多业务重新梳理，改变了我们原来什么都做的业务战略，我们把搜索卖掉、把电子商务卖掉，很多 O2O

和小的业务我们纷纷砍掉。我们大量投资腾讯生态周边的伙伴们，就做两件事情：第一就做连接器，只做最好的连接器；第二我们做内容产业，内容产业也是一个开放的平台。这样才能最大限度地连接各传统行业，对那些能够在自身垂直领域做出成绩的合作伙伴进行整合。”

然而，并不是每个传统企业都能顺利找到适合自己的“互联网 +”模式。企业的“互联网 +”模式主要包含了产品、营销推广、渠道管理、企业运营四个层次。这四个层次共同组成了企业的价值链。只有将其全部放在互联网上，才算是初步实现了“互联网 +”。

产品的互联网化相对简单。像小米一样自己研发智能手机等移动互联网终端是一个思路。另一种思路则是以 APP 应用为突破口，将整个交易流程都浓缩在一款操作简单的 APP 当中。移动互联网最大的优势就是方便快捷易上手。当企业运营的每个环节都纳入了互联网中时，就已经将内外部资源都打通了。届时，传统企业与互联网企业之间的界限会越来越模糊。这并不是说传统企业被互联网企业吞并，而是两者随着互联网的不断进化而合为一体。

传统企业的“互联网 +”转型不可能千篇一律，但有些规律是相通的。就大方向而言，每个企业都要注意以下几个趋势：

首先，企业竞争将变得线上线下一体化，O2O 模式将成为无数传统企业的选择。企业需要借助传统实体店的资源来构造起自己的互联网体系，力求打破线上线下的界限。

其次，跨界竞争将变得无处不在且更加频繁。原本各行各业的经营领域存在自己的范围。但互联网企业屡屡跨界吞并传统行业，扩大其品牌之下的产品与服务种类。未来的互联网经济是一种“粉丝经济”。企业的粉丝对品牌有着很高的忠诚度，只要认同这个品牌，往往就能认同该品牌旗下的大部分产品。小米公司最初是卖智能手机，但雷军表示小米在今后会为“米粉”生产更多其它的产品。

最后，“移动互联网”可能会在未来全面取代 PC 端互联网。第一代

互联网经济是以 PC 互联网为基础，而新一代互联网经济则是以移动互联网为基础。前者的代表是全球最大的网上商城亚马逊，后者的代表则是火爆全球的苹果公司。而国内的 BAT 三巨头，都是从 PC 互联网起家的成功典范。名列第四的小米则完全是靠移动互联网产品打下了现在的局面。短短 5 年时间成为全国第四的互联网企业，移动互联网的爆发力显然比 PC 互联网要惊人的多。

总之，“互联网 +”是大势所趋，但每个企业在认清未来大趋势的同时，也要注意立足于自身特点，找到符合自己发展需求的“互联网 +”模式。

第二章

互联网七字诀：专注、极致、口碑、快

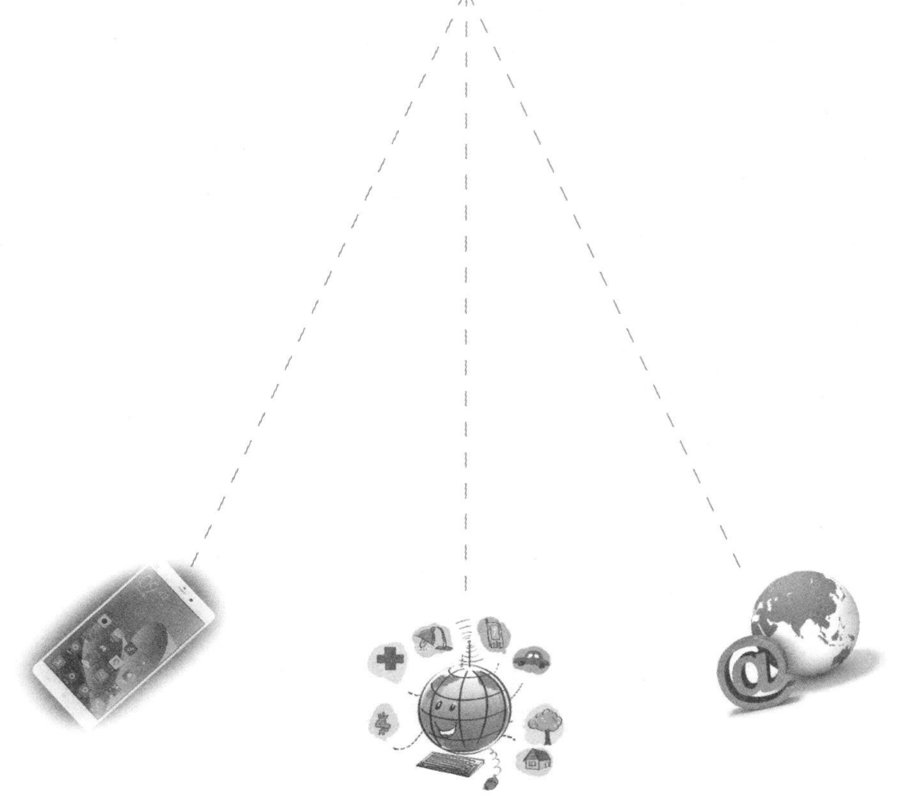

如今，移动互联网企业都在强调专注。这是什么原因造成的呢？因为如果不专心，那么你肯定做不好自己的产品。互联网产品的型号一般都很多，尤其是现在到了定制化时代，产品型号只会更多。因此在生产过程中必须要专心，如若不然，必出差错，从而会影响用户的体验，这样就会导致公司的影响力受损，更有甚者导致直接失去用户。通常，我们如果想购买一台空调，在网上一搜，无论哪家公司，哪个品牌，都会出现十几个，甚至是数十个型号，代码也十分复杂，基本上都有二三十位，都是数字加拼音再加数字。这种东西用户怎么可能记得住？这样必然就会影响到用户的购买心里，让用户心生不满。因此，这种方式很有可能会丢失用户。

所以，企业在做产品时一定要专注，要将产品尽可能地简洁化。但是，有了专注之后，还应该强调极致。要么不做，要做就做到极致。在各领域里面，互联网领域的竞争是最残酷的，因此，只有将自己做到极致，才有可能生存下去。同时也需要用户的口口相传，这对产品的宣传推动作用无疑是十分巨大的。

此外，还有很重要的一点，那就是快。

以上所述也就是小米所坚持的“专注、极致、口碑、快”的互联网七字诀。

1. 少即是多：专注引来更多用户关注

在互联网企业运营策略中，有两条被奉为行业运营准则的箴言：慢即是快和少即是多。古人常说，欲速则不达。有时只有慢慢地等待，才能得到更大的回报。而很多时候，数量上的增加并不能带来质的改变，要想在质量上发生改变，就必须专注地去做一件事情，将其做到极致。这样才有可能引起质变。这种理论在移动互联网行业中表现得尤为明显，互联网行业里的投资往往都是以质量取胜，而不是谁投资得多，谁就会成为最后的胜利者。当然，这种哲学不仅可以用在投资中，还可以用在企业的运营过程中。例如，小米手机的成功，就是灵活运用了“慢即是快，少即是多”的理念。

简单来讲，少即是多，其实说的就是专注。专注可以为人们带来难以想象的力量。国际著名男高音鲁契亚诺·帕瓦罗蒂的父亲曾对他说过：“正常情况下，人们一般不可能同时坐在两把椅子上，如果你产生了这种想法，并且付诸行动了，那么唯一的结果就是你会从两把椅子的中间掉下去。生活也是这样，你只能选择一把椅子当自己的座位，这样才能坐得安稳。”实际上，无论是在生活中，还是在工作中，亦或是做人和做企业，都必须做到专注，而只有做得少，才能做得好，才有可能做到极致。只有这样才能获得更多用户，增加企业的赢利点。

在这方面，小米公司做得十分独到，可以说是颇有心得。主要体现在以下几点：

（1）将内容做得更精致

2014 年 3 月 30 日，在深圳举办的 IT 领袖峰会上，雷军作了主题为“解读小米的互联网思维”的演讲。在演讲中，雷军说了两点，一点是介绍小米公司本身，另一点则是解密小米手机的成功之路。此外，他还给出了一个做事成功的方法论，即“专注、极致、口碑、快”。在他看来，想要获得成功，最重要的是要对自己做的事情做到足够专注。

在演讲中，雷军说：“很多互联网公司都喜欢建立很多网站，各种类型的都有，但这种方法所取得的效果却并不明显，因为现在讲求的是‘少即是多’，只有专注的，做到极致的，才是最好的。其实，现在很多微博、微信大号每天的更新量都不是很多，博主们将更多的精力放在了对文章质量的研究上。当今这个时代，信息量已经超载了，泛滥成灾了，过多的信息让很多内容都变得不精致了。因此，目前我们面临的最重要的问题是，如何将内容做得更精致、更有价值。

在移动互联网时代，关注乔布斯和苹果系列产品的人太多了。因此，雷军在演讲中借助了苹果的例子。他说，苹果公司的历史已经十分悠久了，但从其成立之初到现在，前后也不过仅推出了 6 款手机。众所周知，类似苹果这种实力的互联网企业，想要推出一款手机必然不是什么困难的事情，但苹果却没有这么做，而它之所以受到众多粉丝的追捧，正是因为它足够专注。

（2）大道至简，极致内容利于传播

在雷军看来，专注其实还是自信的表现。很多手机生产商利用一天时间就能生产出近百款手机，但这都是不自信的表现。自信的人只会专注地精研一款手机，并且相信他自己做的这一款一定是世界上最好的手机。

雷军自己在做小米的过程中，也对专注有着很深的理解。他认为，

“大道至简，简单到极致的东西不容易做出来，但做出来之后，却十分利于传播”。总而言之，只有专注地去做一件事情，才有可能做到尽善尽美。当然，前提是你必须坚信你自己做的东西是最好的，无可替代的。

就像雷军说的那样，乔布斯的苹果公司为互联网企业者做了一个很好的示范，为他们指明了方向。雷军说：“要想得到用户的好评，根本就不需要做几百款手机，仅仅需要做一款，并且坚信自己的东西是其它产品无可比拟的，那么你就已经具备了成功的前提”。事实上，用户的经营与管理也是如此，一家互联网企业拥有的粉丝数量固然是越多越好，但如果质量很差，那么粉丝再多也很难起到良好的营销效果。

（3）为发烧而生。

小米一直在呼喊着“为发烧而生”的口号，它将自己的位置锁定在了小众群体，但正是因为它一直专注于小众，专注于自己的现有用户群体，因此它才获得了一批高质量的用户群体，并且这些用户大多是“骨灰级”手机玩家，他们有实力也有兴趣去购买小米不断更新换代所推出的各种型号的手机，甚至是周边产品。最重要的是，这些小米手机的用户还会主动在生活中、各大手机论坛上等可以聚集的地方，不遗余力地为小米进行口碑传播，这无疑为小米手机的宣传带来了很大的便利，同时也起到了不可估量的作用。正是因为如此，雷军才大胆放言：“虽然小米在创立之初，仅有不到二十万的忠实支持者，但正是因为这些人，小米才可以持续发展下来，并销售出千万部手机”。

在很多人看来，小米的成长速度非常快，但是，互联网公司，尤其是处于早期的互联网公司，倍数成长才是符合互联网企业发展的基本原则。这种快速成长不仅仅体现在业务拓展方面，也包括对用户提供服务时的反应。用户对小米提一个建议，如果被采纳之后，仅需一个星期的时间就可以发布出来，这在传统企业中是无法想象的。这种反应速度可谓是超越极限的快。诺基亚时代，手机系统的更新速度非常缓慢，但如今，苹果系统每年都会进行一次更新，而谷歌手机更是会一季度更新一次，而到了小米手机这里，则变成一星期更新一次。这所体现出来的就是效率。而正是因为专注，小米手机才取得了大多数手机难以想象的成功。

其实，并不只是小米手机懂得专注，其它的手机品牌也有深谙此道者。比如，魅族手机。

魅族手机与小米手机最大的不同就体现在目标用户定位的不同上。小米专注的只有一点，那就是它的发烧友，而魅族专注的则是对科技数码有着浓厚兴趣的用户。从用户角度来看，两者之间还是有些类似的。小米推行的高性价比策略，也就是低价高配模式吸引了大量用户，而魅族手机的外观设计以及手机自身携带的 Flyme OS 系统也为其引来了众多用户的关注，并形成了自己的粉丝群体——“魅友”，再加上魅族手机与众不同的品牌文化，以及魅族创始人黄章这种不善交际的“科技疯子”自身所拥有的独特魅力，让魅族手机聚集起一大批忠实的喜欢数码科技的用户，这就使魅族手机的用户忠诚度要相对于其它品牌的手机。据有关报道称，很多魅族手机的用户一个人就拥有将近 10 部魅族手机。

由此可见，智能手机的受众群体正在由大众逐步向着小众过渡，并且还将会持续这一发展趋势。2013 年，美图秀秀也推出了自己的手机——Meitu Kiss，也取得了不错的销售成绩。美图公司创始人吴欣鸿曾说过：“Meitu Kiss 手机用户大部分都是喜欢自拍的人，他们专注的仅仅是这个单一的方面，所以不会跟别的手机进行比较。有一点是可以肯定的，喜欢自拍的用户，只会越来越喜欢不断改进中的美图手机，因此，美图公司根本不用去考虑其他用户群体的需求，只需要专注地将这一件事情做好，做到极致”。

实际上，“少即是多”体现的是一个很简单却很实用的道理，那就是不喜欢你的人，无论你如何做他都不会喜欢你，你要做的就是让喜欢

你的人更喜欢你。从这个角度而言，用户群体少，但质量高，才是真正的“多”。小米手机之所以可以在手机赤海中杀出一条“血路”，其对于自身用户群体的定位所起到的作用是不可抹杀的。正是因为它对用户足够专注，所以才产生了爆发性力量。

其实，这种专注的表现不仅体现在手机行业，其他行业也是如此。做小众细分市场比较容易获得用户，并且获得的大多都是高质量用户。因为最后真正成为企业核心用户的群体必然具备最强烈的需求，并且拥有一定的购买能力和购买动力。但是，这部分人不能通过“通杀”来获得，很多情况下，目标定位越小众，获得成功的几率就越大。

因此，无论是互联网企业者还是传统企业者，都要牢记，不喜欢你的人不会喜欢你，你优先要做的就是把握住喜欢你的人，让他们更喜欢你。粉丝的数量越多自然是越好，但更重要的是要保证粉丝的质量，因为粉丝质量的重要性要远高于数量。大部分情况下，少就是多，只有将主要精力放在“少”的那部分，企业才有更多可能收获“多”。

2. 饥饿营销：让得到的人如获至宝

在移动互联网时代，信息的传播速度越来越快，往往一条消息一经出现，便会传遍全球。因此，无论是互联网企业还是传统企业，所采用的营销渠道都离不开网络。虽然网络营销可以加快信息的传播速度，可仅仅通过这种营销模式去推广企业的产品还远远不够，还要辅以新式营销方法，而营销手段中最具威力的莫过于“饥饿营销”。这种营销模式可以让用户为某件产品而疯狂。如果某家企业的产品受到了大量用户的欢迎，形成了大热销之势，那么这家企业就应该想法设法地让更多的人知道自己的产品。因此，很多企业在营销活动中都采用了饥饿营销法——这种营销法则可以让产品在很短时间内出现巨大销量，同时也可引发媒体的疯狂宣传，而最主要的是还可以引发互联网用户的线上热议。这种热议无疑会以滚雪球的形式传递下去，最后为产品带来巨大的宣传效果，而无论是媒体的疯狂宣传，还是网民的热议，都会为消费者带来巨大影响。

随着时代的发展，“饥饿营销”所带来的影响力越来越大，并逐渐制造出“热销效应”，而“热销”的产品，在人们看来都很“时髦”，是当下潮流的代表性产物。因此，很多人都以可以买到某种“热销品”而自豪。在他们看来，如果可以买到一件“热销品”，那是一件非常酷，非常有面子的事情。

饥饿营销，其实就是产品的生产者故意降低产量，通过这种手段来调控供求关系，在市面上制造一种供不应求的“假象”，同时维持产品

比较高的销售价格以及利润的营销手段。

大部分消费者在购买某款“热销品”的时候，往往都会产生一种“快卖没了”的心理，这样他们就会紧张，认为自己买到某种商品的机会不是很大，而越是买不到的商品，消费者的购买欲望就越大，就会想方设法地去得到它，因此无论是对小米产品情有独钟的“米粉”们，还是对苹果产品一心一意的“果粉”们，亦或是对魅族产品一追到底的“魅友”们，饥饿营销对他们都是屡试不爽。

中国有句老话，叫做“物以稀为贵”。但是，也有人会产生这种疑惑：某款商品的粉丝都等了很长时间了，但依然没有得到他想要的商品，那么这种商品不是在将自己的粉丝推向竞争对手哪里吗？现在的市场上，任何类型的产品都不是单一的，必然都有各自其它相似的类型，因此，如果某家企业在提供产品时，一拖再拖，并且每次只放出很少一部分，导致很多粉丝都抢不到，那么它的粉丝还会继续支持它吗？会不会粉丝转路人呢？其实，这是完全没必要的担心，因为饥饿营销需要的就是这种心理。

小米公司可谓是将饥饿营销这种营销模式玩得炉火纯青了。利用这种营销模式，它让买到小米产品的“米粉”们，会不由自主地产生一种满足感，甚至是自豪感，而且会让得到小米产品的人有一种如获至宝的感觉。

一些权威调研机构和企业官方对小米的销售数量都做过严格的统计和分析，他们得出的小米手机销售数量都是十分惊人的。例如，2011 年 12 月 18 日，小米手机在网上开卖，仅仅在 5 分钟的时间内，便将 30 万台手机销售一空；2013 年 8 月 12 日，红米手机也在网上开始售卖，仅仅在 90 秒内，10 万部红米手机售罄等等。其实，这就是饥饿营销。心理学证明，大多数人往往都会对弱者产生同情心理，但不会因为同情而为弱者买单，赢得他们信任和支持的，往往都是强者。

通常，企业在使用饥饿营销策略时都会使用以下方法：

（1）创造吸人眼球的销量

无论是互联网企业，还是传统企业，在营销过程中，最常用的营销手段就是用自己的高销量与竞争对手的低销量进行对比，小米也经常这么做。小米手机在每次销售一空之后，都会在小米的官方网站上以十分醒目的字体展示一个具体的销售数字。同时，还会有专人在小米的微博上发布一条信息——“经过多长时间的销售，多少台小米手机售罄”！而小米公司的董事长雷军也会在小米举行的发布会上对小米产品的销售数量进行进一步宣传。当然，这个策略任何企业任何产品都可以使用，并且屡试不爽。

（2）创造遥遥领先的排名

如果想让企业自身受到更多消费者的关注，那么就在行业中的专业排名上做出一些成绩。

小米公司在行业的专业排名上在诸多调研机构中都有具体显示。《华尔街日报》曾作出了这样的报道：美国著名调研公司 Canalys 曾公开自己的调研数据，其中显示中国智能手机公司小米在 2014 年第二季度的手机产品销售量首次超过了三星手机，成为中国销量最大的智能手机供应商。具体数据显示，2014 年第二季度，小米手机的销售量增长迅猛，占据了中国市场的 14%，位列榜首，而之前占据首位的三星所占的市场份额下降 12%。小米在第二季度的销售量与上一季度或去年同期相比，均有很大提升。

国内的市场调研机构易观智库也发出了自己的调研报告：“2014 年第二季度，中国智能手机市场的销量排名中，三星以 15.4% 的市场份额位居榜首，小米紧随其后，位列第二，华为、酷派紧随其后。其中，最引人注目的莫过于小米，它在上一季度的排名是第五，仅仅一个季度便蹿升到了第二，销售量的增长速度突飞猛进。”

（3）获得行业专家或机构的认可

在营销领域，行业专家的认可对一个企业来讲是非常重要的，其所带来的营销影响力是不可估量的。但是，这里所说的行业专家并不一定是某个有着超强影响力的人，也可以是一些相应的机构或媒体。

美国的著名刊物《财富杂志》和《华尔街日报》曾经就对小米进行了专门报道。

2013 年 9 月 26 日，美国的《财富杂志》正式公布了“中国最受欢迎的企业”排行榜，其中，成立时间不到 3 年的小米公司榜上有名，并且登上了全明星榜单，成为榜上最年轻的互联网公司。小米公司在这次排名中甚至超过了国内的一些知名企业，例如招商银行、万科集团等，成为此次榜单中最耀眼的明星企业。

这就是小米“饥饿营销”所带来的爆发力，而采用“饥饿营销”的企业，必然要拥有足够的市场潜力，不然的话，很难保证有足够的空间来运营相应的策略。因此，企业还需要根据自身的实际情况，量力而行。这样才能充分吊起消费者的胃口，赢得更多忠实粉丝的支持。

3. 个性化与私人化定制

随着人们需求的多样化，“私人订制”的生活方式已经屡见不鲜。为某个人量身定制一套服装、为某位明星量身定制一部电影、做私人订制的飞机外出旅游，甚至在私人订制的岛屿上同朋友聚餐等等，个性化的生活方式正在逐渐影响着人们生活中的方方面面。

当然，个性化与私人化定制并不只是奢侈的代名词，随着 80、90 后的崛起，他们已经逐渐成为社会消费者群体的中坚力量，而个性化的生活方式在这个群体中屡见不鲜。可以说，这种生活方式已经成为他们展现自身品位与特色的表现方式之一。

面对消费者的这种个性化需求，企业应该为消费者提供一个可供其进行私人订制的渠道或功能。而要想为消费者提供理想的个性化服务，企业还应该掌握两点：一、利用既有数据充分发掘用户兴趣爱好；二、合理掌控和设计相应的个性化服务。

一个企业，如果了解了用户个性，那么在为其提供个性化服务时就会容易很多。要做到这一点，企业应该在数据库中找到具有高价值的数据，利用这些数据将消费者进行归类。然后根据用户数据为其提供相应个性化服务。在这里，企业的个性化服务能否让用户满意，关键是企业是否抓住了用户需求核心数据。

显然，小米公司在这方面就做足了工作。他们拥有自己的用户数据库，可以从中提取核心数据，再根据数据为用户进行私人订制，提供个性化服务。虽然小米的产品不一定是最好的，但是身为可以提供定制化

服务的企业，他们专注地根据“米粉”的个性化生活方式，进行了产品以及功能开发，以此来满足“米粉”的个性化。

在移动通讯领域，小米公司可以说是后来者。为了获取更多的粉丝支持，扩充自己的“米粉”军团，小米产品的设计十分倾向于个性化细节设计，无论是硬件设备，还是软件应用，小米产品的设计都充满了个性化的因子。从小米手机的外观设计上，我们就可以看出一些端倪。

众所周知，人们在选购手机时，首先映入眼帘的必然是手机的颜色。而不同色彩的手机，往往可以真实地反映出手机持有者的性格或者心理状态。小米在自己的官网上推出了一项服务，那就是“米粉”可以自行定制自己的手机后盖，甚至可以对自己的手机后盖进行个性化自主设计。

在这一方面，小米手机做得非常好，充分满足了“米粉”们的个性化需求。小米通过更改自己的配件，与手机护套相结合的个性化定制，迎合了粉丝们的“私人订制”心理。小米通过不同的材料做出不同的手机后盖，“米粉”仅仅更换手机后盖，就可以直接实现更换手机的效果。这样，“米粉”就可以根据自己的需要，挑选自己喜欢的手机后盖，从而满足他们的个性化需求。

移动互联网时代，产品的同质化已经变得越来越严重，同类型产品之间的竞争也在不断加剧，而小米专注于自己的“米粉”，致力于为他们打造个性化定制服务，这无疑可以引起粉丝们的认同与感动，让他们更坚定地去支持小米。

需要注意的是，专注于“米粉”的个性化定制不应该只限于产品的设计，而应该在各方面均实现个性化（比如用户参与等）。事实上，小米为粉丝提供的参与机会某种意义上就属于一种个性化服务，小米产品开发之初所推行的主导开发也属于一种个性化服务。

粉丝营销过程中，个性化的用户参与和产品设计所起到的作用非常大，但这需要企业充分发挥自身的创意和想象力，同时通过专业人员完成这种工作，以此来将某些流程标准化，让粉丝参与进来时更方便，将用户的体验上升到极致。现在，已经有很多企业在这种个性化服务中获得了好处。

目前，个性化定制T恤在网上日渐流行，很多类似的网站如雨后春笋般冒了出来。T恤的整个制作过程基本上都由用户进行主导，他们可以按照自己喜欢的样式对T恤进行设计。要做到这些，必须按照一定的步骤进行。首先，用户可以直接在网上选择T恤是谁穿的，比如自己、父母或恋人等；然后，用户可以根据自己的需求进行定制；最后，就会直接进入具体的定制流程，而用户就可以开始自己的自主定制了。

整个私人订制的过程中，最重要的环节就是选择T恤的图案。用户可以根据一些基础信息（T恤的尺码和款式等），来选择自己喜欢的图案。在选择图案的过程中，用户可以直接在网站的图库中选取，也可以自行上传图片。这样，整个设计就初步完成了，只要符合审核条件了，最终用户都可以穿上自己亲手设计的T恤。

如果某位用户设计的T恤独具一格，并受到某些用户的追捧，网站就会将这种款式的T恤直接纳入整个产品数据库。如果有用户购买了这种T恤，设计者还可以享受到产品分成。这无疑是个性化服务的有力体现。目前，很多个性化服务网站都在利用这种方式鼓励用户参与到设计中来。

这种网站，既销售T恤，也可以满足用户的个性化定制需求。或许，这种网站所提供的T恤的质量不是最好的，T恤也不是什么知名品牌，但这种网站的产品一定是别具一格的，独具特色的，而且是最符合用户需求的。试想，还有什么产品比自己亲手设计的还要符合自己的心意呢？

这种网站的火热，给了众多企业一个十分重要的启示，那就是如今的消费者，对个性化的需求越来越看重，谁可以满足他们的个性化需求，他们就买谁的单。所以，要想让企业获得更好的发展，就必须抓住这一商机，在个性化服务上多下些功夫。

例如，2006 年，男装知名品牌雅戈尔就推出了自己的“私人订制”服务，而粉丝只需将自己的基本信息输入电脑，相应的软件就会根据数据进行服装制作。这种个性化定制，使得雅戈尔在“私人订制”时代迅速蹿红，并在原有基础上获得了更大进步。

虽然“私人订制”的产品所需费用要高于普通产品，而且这种费用的标准很难衡量，但是“私人订制”显然比千篇一律更有价值，更容易满足用户的需求，获得用户的好感和信任。在移动互联网时代，用户的需求变了，变得更加自我，而这时，个性化定制就显得尤为重要。企业要想获得更好的发展，就必须考虑这方面的事情，而想要做到“以客为先”，就必须将“私人订制”放到企业的发展规划中。

因此，传统企业必须认识到如今的时代已经变了，已经全面步入了个性化消费时代，消费者选择产品的标准越来越向个性化看齐，一件产品，如果拥有其它产品都没有的特点，那么毫无疑问它就具备了“逐鹿市场”的资本。当你可以满足消费者其它企业满足不了的需求时，你便距离成功不远了。

从这种意义上来讲，一个企业对消费者个性化服务的专注程度，决定了这个企业以后所取得成就的高度。

4. 极致就是把自己逼疯

小米公司董事长雷军对互联网极致思维的理解是：极致就是把自己逼疯。这种理解十分形象，同时也具有一定的客观性。

移动互联网时代，成功通常都是疯子和偏执狂的专利。那么，是不是所有企业都需要做到极致呢？

雷军的“理解”让人们了解到如何做到极致，但是没有给出极致的含义，或者说什么是极致？简单来讲，极致思维就是最高境界。互联网企业通常都是利用这种思维来实现产品创新以及提升用户的体验。要想做到极致，就要将事情做到100%，即实现既定标准，完成了就是100%，没完成则是0%；即使完成了99%，也是没达标，所以还是0%。说白了，极致就是没有任何瑕疵，就是完美无缺。

一般来讲，消费者往往具有一种通性，那就是你生产出99件对他有益的产品，他未必记得；只要你生产出一件对他不利的产品，他必然会记得，甚至会对你产生怨恨心理，从而离开你。例如，一名用户在进行通信业务办理时，一直享受的都是良好的服务，但是，突然有一次接受到了客服人员的劣质服务，那么这名用户就很可能会退出这种通讯服务，转到另一边去。因此，企业在提供服务时，必须做到极致，不能令大部分用户满意了，就满足了。想要做到极致，要认清以下几个要点：

第一，极致是产品吸引用户的基石

在移动互联网时代，极致的产品是吸引用户的主要基石，同时也是在激烈的市场竞争中脱颖而出的根本保证。面对日益激烈的竞争，企业或企业员工只有以一种偏执狂的态度去应对，以一种逼疯自己的精神去应对，才有可能将产品做到最好，获得用户青睐。也只有这样，企业才有资格去不断地超越别人，颠覆别人，才能生产出真正让用户满意的产品。所以小米在这方面就做得非常好，它一直在贯彻执行“把自己逼疯，把对手逼死”的运营理念。

第二，让用户尖叫，才能得到更多支持。

为了赢得更多用户的支持，引起用户的“尖叫”，小米打出了自己的王牌——“高配低价”。如今，小米每次推出的新款，必然都是全球首发的配置，而最主要的是，它的价格还是整个行业相同配置手机中最低的。这种情况在小米的系列产品中均有体现。比如，小米手机、小米电视、小米手环，等等。自古以来，人们奉行的真理就是“便宜没好货，好货不便宜”，而物美价廉仅仅存在于消费者的想象之中。但是，小米不仅两者兼顾，还必须做到最好，真正践行了“把自己逼疯，把对手逼死”的理念。

第三，将极致融入每个生产环节

对极致的追求，是小米产品每个生产环节都具备的特性。小米所选择的供应商，都是业内最好的，它还将现有资源进行了全面整合，让优势最大化。接下来，小米做的就是通过生产，做出最好的产品。

据相关人士介绍，小米内部对产品的规划存在三个标准：保留“加正值”，去掉“不加不减”和“加负值”。由此我们可以看出，小米在设计方面是十分严谨的，不仅会去掉有负面影响的设计，就连“不加不减”的设计也会抹除掉。这样，小米就可以保证让每个工序达到最优，将产品做到极致。

如果你仔细观察市场上的小米手机，你就会发现，不管人们喜欢也好，不喜欢也罢，但是我们必须承认，小米手机成功地还原了产品的本质含义，就是根据消费者的需求，将产品做到极致。小米手机无论是从价格或者是配置上来讲，都做到了极致。很多“米粉”表示：“即使买了没用，也想多买几个，而且用到最后，还想留着作纪念。”或许正是因为如此，小米公司才一直不担心小米手机做出来卖不出去。因为，如果将某款产品做到了极致，那么销量也将变成水到渠成的事情，根本就用不着担心。担心销售数据不好的，必然是没有将自己的产品做到极致的企业。

因此，如果想将自己的竞争对手逼死，你首先要做到的就是将自己逼疯。如果没有这份勇气，没有勇往直前的锐气，你就会被瓶颈制约住，再难取得半点进步。这样在与对手的竞争中，你就会落败，而且有可能是一败涂地。因为，企业的发展，向来都是不进则退的。

众所周知，针对于全球各个行业而言，尤其是在移动互联网时代，很难有一款硬件、软件或者应用直接达到垄断地位，以“牵一发而动全身”的姿态挑动无数人的神经。但是，任何时候都会有例外，都会出现人们称之为“奇迹”的事物。微信的横空出世，正好证明了这一点，颠覆了人们以往的认知观念。它的出现，无疑比 Facebook、Twitter 等国际性的互联网社交工具更加耀眼。

微信的出现，直接战败了人人网、米聊、易信等社交通信工具，甚至一度让阿里、百度等互联网巨头感到恐慌。但是，如果我们细想一下，就会发现：微信的出现，第一个颠覆的不是别人，正是自己的“兄弟”——QQ！对于腾讯而言，微信和 QQ 是同样重要的。2014 年，QQ 的同时在线人数突破了 2 亿大关，而微信的用户数量更是惊人，达到了 6 亿之巨，这些都可以说是互联网领域中可以引发“海啸”的大事件。但是，对于腾讯而言，作为“大哥”的 QQ 无疑要更重要一些。不过，

在移动互联网时代，同行业之间的竞争日益激烈，而不同行业之间的竞争同样激烈，因此，在这种情况下，如果自己不革命，那么别人就会革你的命。如果不进行自我颠覆，那么就会被别人颠覆。因此，在这种大势的驱使下，腾讯不得不进行自我颠覆，利用更具优势的微信颠覆 QQ。

目前，微信已经日趋完善，它以极快的速度完成了通信和社交的平台化，同时也将微信的功能进行了外延。这种外延在某种意义上已经超出了一款即时通信工具的原有定义。并且，微信在每个时期的发展速度都超越了为腾讯立下过汗马功劳的 QQ。微信在社交领域的某些新应用，比如语音、视频以及图片的免费传送，实现了社交的深度发展。如今，人们已经可以通过微信处理各种日常生活中的琐碎事情。比如，控制空调和电视等等。

据马化腾描述，微信正在蜕变成一种生活方式，这种体现已经变得越来越清晰。它将成为一个全面改变信息入口，为人们的生活带来深刻影响，并颠覆传统商业模式的新工具。

根据当下的发展形势来看，微信颠覆 QQ 已成必然。众所周知，作为创业者，只有始终保持前进的脚步，根据未来的发展趋势提前进行各方面的突破。比如，认识突破、能力突破等等。而企业只有在研发产品时将自己逼疯，才能在激烈的竞争中占据一席之地，获得生存的权利。雷军在演讲中曾说过这样一句话 ：“我们只有进行一次自我颠覆，才能获得凤凰涅槃式的成长。只有打破一切束缚，才有机会变得更加强大。”

其实，在激烈的市场竞争中，最让人难以接受的不是你的企业比不上别人，而是比你强大的对手所付出的努力远比你多。有一句话说得好，“对自己狠一点，距离成功就近一点”。当然，无论是做企业，还是做产品都是如此，都应该对自己狠一点——只有自己做到了极致，才可能得到更多用户的支持。只有将自己逼疯，才有可能彻底战胜竞争对手。

5. 速度与激情：超越对手，你就是赢家

很多人都喜欢看动作片，因为他们认为那种打斗的场面能让人热血沸腾。在周星驰主演的电影《功夫》中，火云邪神曾说过："天下武功，无坚不破，唯快不破！"高手过招，往往都是一招定胜负。谁出手速度快，谁就会占据先机，而取胜的几率也就大一些。慢一步就可能处处受制于人，最终不敌落败。事实上，这个道理并不仅仅适用于功夫，同样适用于企业的运营和营销。

移动互联网时代，人们的生活和工作所产生的最大变化之一就是由慢变快了。比尔·盖茨曾经说过："微软公司永远离破产只有十八个月。"如今，一家如日中天的企业，或许在须臾之间就会变得日薄西山。以前，人们奉行的是"大鱼吃小鱼"模式，但就现在而言，企业的大小、规模不再是关键，而反应的快慢才是决定一家企业继续存在与否的关键因素。移动互联网时代，不再是"大鱼吃小鱼"，而是"快鱼吃慢鱼"。如果反应速度跟不上，企业面临的就只有一条路，那就是死亡。这就是所谓的"快鱼法则"。

小米公司之所以可以快速崛起，就是因为雷军将"快鱼法则"运用得炉火纯青。自从小米成立之日起，就一直处于风口浪尖之上。小米公司董事长雷军与奇虎360总裁周鸿祎还发生过"口水大战"，而让双方产生激辩的焦点话题就是小米所展开的营销手段——"饥饿营销"和"期货手机"。周鸿祎指责雷军用非正常手段故意延长小米手机的交货时间，根本目的就是最大限度地节省小米手机的生产成本，利用消费者的钱去生产手机。并且，小米还用低价高配的噱头去吸引粉丝的关注，让

根本就不存在的手机，或者说正处于生产中的手机拿出来进行预售，这无疑给竞争对手带来了极大的压力。周鸿祎认为，小米公司这是在利用不正当手段挤兑竞争对手。

而雷军则利用现实数据对种种现象进行解释和辩驳，他说目前小米的这种销售模式也是不得已而为之的无奈之举，一方面，小米的生产链还不稳定，远远没有达到成熟的条件；另一方面，小米手机的产能非常低，到目前为止，仅能保证30万部的产量。

事实上，无论小米是真“饥饿”，还是假“饥饿”，在这场口水战中，雷军销售手机的营销手段无疑为众多互联网企业上了十分生动的一课。这正应了雷军所说的一句话——“有时候，快也是一种力量”。大多数时候，企业应该想尽一切办法保住自己的灵性，而不是如何壮大己身，因为灵性在企业的后续发展过程中将扮演不可替代的角色。那么，应该如何保证企业的灵性呢？

（1）天下武功，无坚不摧，唯快不破

在雷军看来，天下武功就是唯快不破。小米公司从建立发展到现在，前后用了4年时间，但在雷军眼中，这样的速度还是太慢了。他在接受记者采访时透露：“每天，我的心情都充满了一种焦虑感，我们是否还可以再快一点呢？”互联网最重要的一点就是速度，所以，如何在保证企业安全运营的前提下，将速度提升到极限，无疑成为所有互联网企业不得不面对的问题。

（2）削去“拖后腿”的部分

雷军十分清楚，目前正处于互联网行业发展的高峰期，市场可谓是风云激荡，变幻万千，一款今天十分火爆的商品，并不能证明它依然适合明天的市场，或许明天就变得无人问津了。任何企业的产品都是如此，小米也不例外。如果将小米手机进行规模量化生产，那么在市场发生突变的时候，仅仅数十万部的库存，也足以将小米公司压垮。所以，只有利用“快鱼法则”，才能削去一些尾大不掉的分销和专卖渠道。这不仅可以让企业直接与用户进行交流互动，还能保证企业可以在第一时间了解销售的实际情况。

（3）开启“小船模式”

古人常说：“船小好掉头。”对于如今的产品营销来讲，也是如此。小米可以利用 30 万部产能的“小船模式”在激烈竞争的商海中乘风破浪，这就让小米拥有了快速应对手机以及应用服务等环节所出现的突发情况的反应能力，而这正是小米最具特色的核心竞争力之一。

（4）加快企业的运营速度

在移动互联网时代，企业之间的竞争就是速度与激情的轮番上演。速度就是生命，谁更快，谁就可以占据更多的优势资源。正是坚持“快鱼法则”，小米才会在每周进行系统更新，促进产品的推陈出新。小米公司之所以会这么做，也是雷军给自己施加的压力，因为有压力才有动力，而有了压迫，小米的运转速度才能更快一点。

雷军表示：“如果你更新换代的速度足够快，那么就可以将很多问题掩盖掉。企业只有在快速发展的过程中，所面临的风险才是最小的。如果你的发展速度慢了下来，那么所有的问题都会接踵而至。”小米曾经就因为慢人一步而吃了大亏，小米的社交应用米聊之所以会输给微信，主要原因就是它“跑得不够快”。

微信是腾讯继 QQ 之后，推出的一款功能比较完备的免费即时通讯社交工具。2013 年 1 月 15 日，腾讯在官方网站上宣布：“微信，在 2011 年 1 月推出之后，到现在已经两周年了，仅仅用了两年时间，微信用户就已经突破了 3 亿。感谢所有微信粉丝们，因为你们，使得微信改变了世界！”如今，微信用户已经突破了 6 亿大关。

但是，很多人都不知道的一件事情是，微信的出现要晚于米聊。微信所取得的成功，完全是后来居上，所依靠的就是无与伦比的速度。虽然米聊先微信一步上市，但微信更新换代的速度要快过米聊。所以微信所占领的资源就比米聊多很多。

米聊的出现是因为受到了美国 Kik Messaher 软件的启发，这使小米科技看到了一个崭新的机会。于是，经过研究之后，米聊正式上市。米聊主要是依托小米手机和 MIUI 平台进行应用推广，米聊的“语音通话”功能正好与当时的用户需求相契合，这让米聊的用户数量一度激增，甚至是突破了 1 亿用户。

实事求是地讲，米聊是小米推出的一款具备超强影响力的产品。雷军之名也由此在互联网行业中传播开来。但是，雷军很清楚，如果腾讯也进入这一领域，米聊将面临一场天大的危机。

当时，雷军对腾讯的部署进行了详细分析，认为对方应该会在三个月之后，正式介入这一领域。但出乎雷军预料的是，仅在一个月之后，腾讯就推出了相应产品——微信！毫无疑问，凭借腾讯在即时通信行业的地位和实力，他们所掌握的用户资料自然要远超小米，因此他们更清楚用户需要的是什么。这就是为什么米聊还在纠结于是增添熟人社区还是陌生交友功能时，微信便直接推出了摇一摇、漂流瓶等功能。

当然，米聊与微信的差距之所以会越来越大，另一主要原因就是技术积累和运营推广等方面的因素。腾讯在即时通信技术以及推广渠道方面所占据的优势明显要远超小米。这就使米聊慢了微信一步，正所谓一步慢步步慢，尽管米聊一直在想法设法地迅速跟进，但先机已失，最后还是没能跟上微信的脚步。微信的发展已经势不可挡，米聊用户被微信掠夺殆尽，最终再无翻身的机会。2014 年 2 月，小米公司将米聊业务出售，至此，米聊与微信的战争正式告一段落。

微信的发展速度让人惊叹，2011 年 1 月，腾讯正式推出了微信。2012 年 3 月，微信用户就达到了 1 亿，随后在不到半年的时间里，微信用户就翻了一番，达到2亿。2013年1月，也就是微信推出两周年之际，微信用户便突破了3亿。如今，微信依然处于高速发展状态，犹如“病毒”一般，在人群中不断“扩散”。

微信与米聊之战，属于典型的移动互联网之战。虽然米聊在最初占了先机，但笑到最后的却是微信。这是为什么呢？究其根本，还是小米速度不够快，被腾讯以快、准、狠的打法击溃了战略部署，最终功亏一篑，使得腾讯借助微信之光，再次登上了神坛。

移动互联网时代，腾讯可谓是家喻户晓般的存在，而它之所以可以在激烈的市场竞争中冲出重围，顺利登顶，最主要的原因就是它可以以最快的速度满足用户需求，为用户提供高完成度的产品，集中优势力量进行多方面的渠道推广。如今，任何企业之间的竞争都是如此，谁先下手，并且做到了快速更新，谁就能占据优势资源，笑到最后。所以说，速度就是生命，只有在速度上超越对手，才有可能获得最后的胜利。

例如，我国在区域经济的发展方面也是如此。改革开放之后，珠三角地区的经济开始腾飞，但后来居然被后起之秀长三角地区以绝对的优势超越。这是为什么呢？为什么长三角地区在资源、交通，以及政策支持上均不占优势的条件下，还能后来居上呢？据研究数据显示，长三角地区企业的反应能力和行动速度要远超珠三角地区，这正是长三角地区后来居上的重要原因之一。

可见，速度对于企业的发展而言是多么重要。在一切事物都在快速更新换代的今天，企业要想吸引更多消费者，那就要满足他们正在高速变化着的需求。而要做到这一点，企业就必须要快——反应要快、更新要快、回复要快。总之，一切都要快。任何企业都要明白一点，那就是市场永远不会同情弱者，只要失去了一次机会，那就没有迎头赶上的时间了。所以，企业要想成为赢家，就必须要快，只有在速度上超越对手，才能打到对手，获得最后的胜利。

6. 快速反应，不给对手思考的时间

互联网时代，企业只有在最短时间内对用户需求做出反应，才能得到用户的认可，甚至是忠诚。企业反应速度的快慢，将直接影响到用户的选择。比如，起点中文网的优秀笔名，先注册的那个用户必然可以如愿以偿，落后者自然就得使用其它的笔名。一款好产品同样如此，先上市的企业必然更容易赢得先机，而落后的企业，如果想要赶超前者，就要付出数倍甚至数十倍的努力。

如今，行业之间的竞争日益加剧，所以，时间就等同于企业的生命，谁更快，谁效率更高，谁就能“活”得更长久。即使两家企业的实力不相上下，但获得最后胜利的往往都是反应速度更快一步的企业。谁可以对用户需求迅速做出反应，谁就可以领先一步，正所谓，一步快步步快，只有占领了先机，才有可能一路领先。

例如，海底捞为顾客提供的服务就十分迅速有效。有一次，一位男士带着一位女士来海底捞吃饭，服务员通过观察发现，男士在拼命追求女士。在用餐过程中，女士感觉天气太热，随口说了一句“要是有一根雪糕多好啊”，而当时海底捞并没有雪糕。而这名服务员立即向领导汇报了这里的情况，领导当即让服务员去外面的超市买回了雪糕。用餐的女士在享受到这种服务后，大感惊讶，同时对男士的好感大增。因为女士认为对方既然带她来可以提供这种服务的地方吃饭，必然是个有品位的人。后来，他们二人顺利结婚，当时还给海底捞送来了喜糖，表示感激之情。

顾客只是随口说出的话，海底捞的员工却做出了如此迅速的反应，并将情况迅速反映给自己的领导，而领导则立即做出了满足顾客需求的决定，让员工不辞劳苦和不计成本地满足了顾客的需求。虽然这种事情并不多见，但海底捞对顾客的某些隐性需求的反应态度和速度无疑为其赢得了顾客的好感与信任。

因此，我们不必纠结海底捞捞的到底是什么，它不仅仅可以为顾客提供火锅，还可以满足顾客的某些隐性需求。这就为海底捞赢得了超强竞争力和不被超越的口碑。全球知名信息服务商 IBM，就曾因为反应迟缓而失去了很多次机会，致使其发展一度陷入困境。但后来在采用“对用户和市场需求做出快速反应”的策略之后，这个“蓝色巨人”很快便走出了泥潭，重新回归到巅峰状态。

可见，快速地对用户和市场需求做出反应对企业的发展而言是多么的重要。目前，正处于高速发展中的小米在这方面做得就非常好。

2010 年 4 月，小米公司正式成立，之后，便接连推出了小米、小米 1S、小米 2、小米 2S、小米盒子、小米电视，等等。小米产品的更新换代速度，以及小米公司的成长速度，让大多数互联网公司都望尘莫及。小米到底是如何做到的呢？小米为什么可以得到“米粉”们的一如既往的支持呢？

其实，就是因为小米可以对用户需求和市场需求做出快速反应，进行产品的“敏捷开发”，使产品在最短时间内实现快速迭代，才受到了用户的一致追捧。雷军相信“天下武功，无坚不破，唯快不破”，很明显，小米就一直在坚持着这一准则。

以前，市场上的主流手机生产商，在推出很多手机之后，手机的性能和系统就变得固化了，就算出现某种问题，往往都是在下一次版本更新时，才进行相应地调整。但是，苹果和谷歌在这种僵化的模式下，进行了一定程度的创新，做出了较大突破，将操作系统的更新时间提前了不少。安卓系统改为每半年进行一次系统升级，而 iOS 操作系统则是一

年升级一次。

而到了移动互联网时代，这种升级速度显然满足不了用户和市场需求，因此再次进行提速。小米公司所推出的操作系统——MIUI就实现了每周升级一次。通常来说，手机系统一般都是手机公司进行主观性的升级，属于“闭门造车”，而小米却并不这么做，它直接以用户的需求为导向，按照用户的需求进行系统改进和升级。

小米的这种快速升级，主要是依据论坛上“米粉”对小米手机的反馈情况，提出具体可行的解决方案，推动产品的稳定升级。其实，小米研发团队关注的不仅仅是论坛，他们还关注微信、微博等平台手机用户的反馈意见，并积极采纳用户建议，进行产品升级，以最快的速度满足用户的需求。

在未来，小米手机很有可能会变成一个“高度智能化”的系统体，这就表明小米在应对用户需求的反应速度方面，将进一步提升。毫无疑问，这种服务方式，可以为“米粉”提供更周到的服务，满足他们的更多需求。

小米对用户和市场需求的反应速度，让手机同行都自叹不服，而且很多企业纷纷学习小米模式，企图从快速满足用户需求的敏捷开发中获益。当然，并不是说这种反应速度就是因为“敏捷开发”而实现的，简单来说，这就是企业的一种快速反应能力，同时也是根据用户需求做出的快速行动。因此，如果想要得到更多用户，就要保持较快的反应能力，而只有给予了用户极致的体验，才能得到用户的支持。

第三章

移动互联网时代：小米是如何做“互联网 +”的?

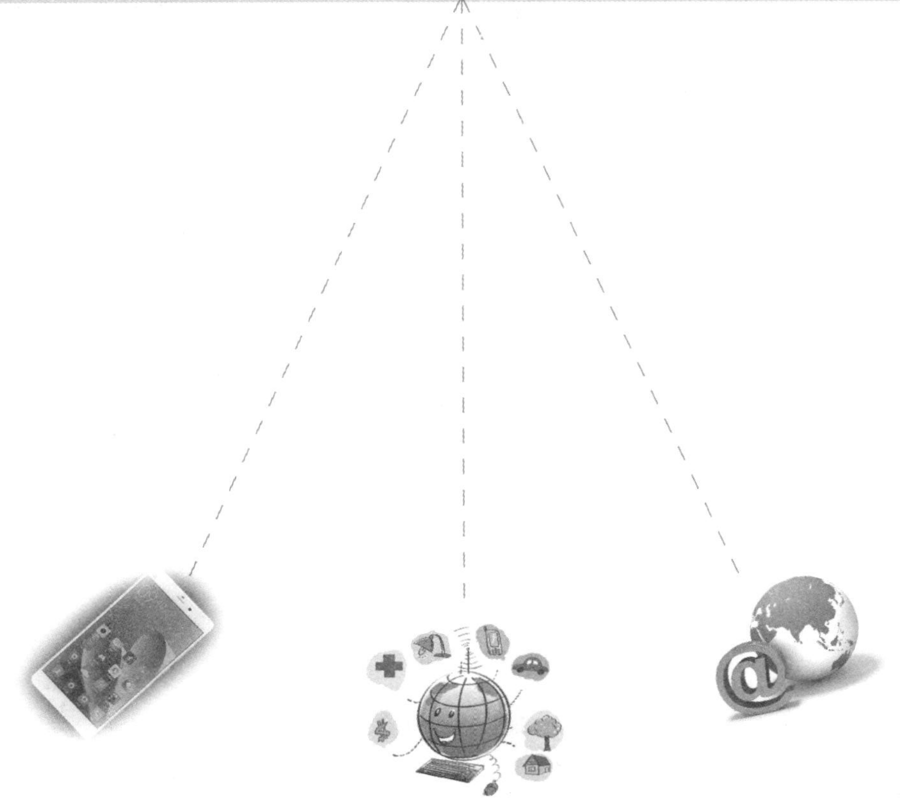

小米的“互联网 +”之路，有着许多值得我们深思之处。其互联网思维以改善用户体验为核心，致力于把用户经营成粉丝。为此，小米宣扬“不惜代价做好产品”的企业文化，这也是其“互联网 +”获得成功的必要条件。

做好产品只是“互联网 +”的第一步。企业要想获得成功，还得从服务领域下功夫。良好的用户体验，不仅体现为产品的人性化，还表现在企业服务的人性化。从根本上讲，“互联网 +”就是走群众路线，像对待老友一样对待用户。无论是何种类型的“互联网 +”模式，都应该贯彻“与用户做朋友”的理念。

互联网的本质是留住用户，而这就需要企业为用户提供高品质的服务。唯有这样，企业才能称得上是广大用户的“老友”。提供良好品质服务是“互联网 +”的出发点和落脚点，也是互联网企业最主要的竞争力来源之一。小米之家在这点上树立了一个正面典型。

在未来 5 年中，国内市场对互联网人才的需求缺口可能高达 1000 万，特别是移动互联网行业的高端人才。新时期的人才资源经营，具有许多值得关注的新趋势。从小米崛起的经验来看，正确的人才战略，可能会对企业的发展壮大起到决定性的影响。好产品、品质服务、与用户做朋友，都离不开一流人才的执行。无论是传统企业的互联网化，还是互联网企业的升级，都应该重视经营人才资源。

1. 成功的前提，不惜代价做好产品

据 IDC（互联网数据中心）的统计显示，小米在 2014 年的第四季度创下了 1660 万部手机的销售量，同比增涨幅度高达 178.6%。这标志着小米不仅在国内风生水起，还跃升为排在三星、苹果、联想、华为之后的全球第五大智能手机厂商。

小米是以互联网公司闻名。它的迅速成长让人们感受到了互联网思维的魅力。但就实而论，小米模式并不是简简单单可以复制的。小米科技董事长兼 CEO 雷军反复强调打造“让用户尖叫的产品”，从而让用户获得极致的用户体验。这样一来，用户就会变成你的粉丝，帮你激活创意，帮你宣传品牌的口碑，让你充分体会到粉丝经济的巨大张力。当然，这一切的前提就是你的产品有足够的诚意去打动用户的心。换句话说，不惜代价做好产品，既是“一切以用户为中心”的互联网思维的内在要求，也是“互联网 +”模式获得成功的大前提。

雷军在 2014 年 11 月 20 日的世界互联网大会中宣布：“小米模式最重要的创新其实非常简单，就是第一家公司把硬件用接近成本价的方式销售，用这个来架构一个移动互联网的平台。用这样的模式经过 5–10 年，小米公司有机会成为世界第一的智能手机公司。”显然，这等于是公开向苹果公司挑战。

2015 年 2 月 10 日，苹果 CEO 蒂姆 · 库克在高盛集团科技和互联网大会中声称：中国不断给他带来惊喜。其中在谈到小米对苹果的挑战时，蒂姆 · 库克并不是很担忧，他说：“我们总是面临激烈的竞争，所以不会有什么事情令我们辗转反侧。只要我们能开发卓越的产品，便可一切安好。”

后来雷军曾在接受采访时解释道：“我再把我的原话讲得更准确一点，我说小米的目标是用10年时间成为手机市场份额第一。为什么呢？因为可能苹果根本就不追求市场份额第一，但是作为互联网公司，我们最在乎的其实就是用户量，所以我们的目标不是像他们一样，一个季度要挣180亿美金的利润，我们的目标是在10年时间里面能不能成为市场份额第一的互联网手机公司。”

其实，两家公司的营销策略相差甚远。苹果专注于做高端品牌机，让人们愿意花高价去购买新的iPhone或iPad。而小米的崛起凭借的是低价在线销售的策略。双方并没有直接在低价智能手机市场角逐，而是各自错开方位进行扩张。

但从某种意义上说，蒂姆·库克的理念与雷军殊途同归。两人都十分强调产品研发的重要性，并以开发出超出用户预期的卓越产品为目标。尽管小米专注开发低价智能手机市场，但并没因此放松对产品品质的追求。

“互联网+”模式的典型案例发生在智能手机领域，虽是意料之外，但也在情理之中。

智能手机领域的硬件技术，已经发展得相对成熟。无论是芯片、显示屏，还是电池、存储器等手机基本部件，都没有什么技术困难。而且这块市场相对透明，具有较为成熟的品牌。所以小米无需花太多血本去搞基础研究，可以借助成熟的技术条件进行产品创新。小米聪明地选择了具备顶尖工艺的企业作为合作伙伴。它为了压缩手机零部件的价格，找到了富士通与英业达等业界议价能力较强的代工厂商。苹果与三星等公司在营销渠道上的成本花费较大。而采取“互联网+”模式的小米，除了分配给代工厂商和专利拥有者的费用外，其余全是自己的内部成本。于是，小米通过清晰而合理的利润分配链条，将其它环节减省到最

简，从而将腾出的大部分精力集中于产品研发与互联网营销两大环节。

尽管小米崛起的速度十分惊人，但它在追求极致产品的道路上，并非没有付出过代价。

雷军在推出第一款小米手机时，曾经将小米手机、MIUI、米聊（一种社交软件）并称为三大核心产品。他最初的战略是——以小米手机为流量入口，通过 MIUI 系统来构建软件平台，再用米聊连接软硬件与互联网社区。谁知腾讯的微信用户在 2012 年突破 1 亿，曾被视为“灵魂产品”的米聊毫无还手之力。

米聊计划失败后，小米转而效仿苹果，走明星单品的扩张战略。小米急速转身，在短短一年之中就先后推出小米盒子、路由器以及智能电视。谁知，这些被寄予厚望的“明星产品”，并没有像小米手机那样大受欢迎。

由此可见，此时的小米像大多数互联网公司那样敢于冒险，却又缺乏成熟的战略的“匹夫”。虽然小米用互联网优化了运营流程，在研发新产品上很下工夫，但还是忽略了苹果创始人乔布斯对世人的提醒——“不要涉足任何我们不具备核心技术的领域，那样会被杀得片甲不留。”

小米高层总结道：小米路由器虽然技术含量高，但产品太沉重且成本不菲。第一代小米电视的问题更为复杂，一方面小米在内容与版权上有所不足，另一方面未能看准时机去放量。战略失误导致产品研发与互联网营销的能力难以充分发挥。可见，“互联网 +”的成功并不是简单地用互联网预售产品，需要为切合用户参与感与体验感的极致产品打基础。

经过这一系列挫折后，小米痛定思痛，重新确立了小米的产品研发逻辑。互联网时代是一个长尾经济盛行的时代，无数小众市场通过互联网聚合在一起，从而产生巨大的经济效益。但小米的观念却不同，它始终坚持“旗杆理论”。

所谓“旗杆理论”就是由市场中占有率最高的那一部分来决定公

司的战略，即以满足最多人的需求为重心，在此基础上集中力量专注研发产品。换言之，小米主张“以极客精神服务 90%的用户”。雷军回忆道，当时小米同时运行了多个产品线，在国际化发展中一口气向六七个区域推进。到头来“博二兔不得第一”，没有哪个产品受到大众的普遍欢迎，反而丢失了自己的优势。

与其四面扩展领域，不如不惜一切代价做好自己的拳头产品。于是，小米树立了“在每一款产品上下的功夫比别人大”的观念。

为了让产品变得更加卓越，小米总结出一套独特的产品设计标准：加正值；不加不减；加负值。三者综合考虑，方能得到令 90% 的用户满意的极致产品。

所谓“加正值”，指的是某种设计具有存在的必要与价值。这一点不难理解，任何一家互联网企业，都试图在自己的智能产品中增加更多的价值。“加正值”偏低的产品，不可能成为有口皆碑的精品。

所谓“不加不减”，指的是某种设计可有可无。对于小米而言，可有可无的设计形同累赘，累赘就会降低用户的体验满意度，从而影响产品的口碑。所以在这个环节上，小米也是尽最大努力地削减。

所谓“加负值”，指的是某种设计会产生副作用。遇到这种情况时无需迟疑，果断舍弃，重新研发。

什么是好产品？“加负值”无限接近 0，“加正值”超出用户的预期，“不加不减”的东西也统统简化掉。损之又损，只留对 90% 的用户都有必要的精华。

据《华尔街日报》2015 年 4 月 24 日的报道，雷军预计小米在 2015 年的收入能达到 160 亿美元，其中互联网服务领域的收入可能会达到 10 亿美元的规模，大约占预计总收入的 6%，比 2014 年增加两倍多。智能手机游戏与移动融资等互联网服务是小米的发展重点。由此可见，小米模式将继续改写互联网经济的历史。

在互联网经济刚兴起的时候，人们过多地惊叹于互联网营销的巨大

辐射力，而忽视了产品研发的“内功”才更加关键。

“互联网＋零售”的模式容易成功，因为零售行业往往不需要太高的技术含量。产品的品质如同生命。光是物美价廉质量过硬还不够，互联网时代的产品必须具备足够的个性化与人性化。用小米的表达方式就是：抓住用户使用产品时的“痛点”与“痒点”，通过不断完善技术与创新设计，在产品中赋予用户极致的体验。

尽管不是每一个企业都能做出像苹果那样高端大气上档次的奢华精品，但不惜代价做好产品的精神，适用于每一个企业。在产品迭代速度越来越快的今天，许多知名企业反而集中兵力打造拳头产品，甚至不惜一年只推出一个新款。这并非传统意义上的慢工出细活，而是将无数新技术、新创意集成于一个焦点。唯有这样才能打造出超乎用户想象的好产品，从而形成自己稳定而庞大的品牌粉丝群。

2. 真心真意与用户交朋友

雷军在总结小米的成功经验时说："第一，小米极其强调真才实料，做好产品。应该说小米在产品发布之初就具备了非常高的品质。第二，小米很愿意倾听用户的意见，和用户做朋友，把用户全部拉进来，一起把产品做好。第三，小米用了互联网的技术，电商直销，高效率的运作，最终使它的零售价接近成本价直销，这样还能挣钱，我觉得它的核心是高效。"

从某种意义上说，第一条与第三条并不是小米与竞争对手之间的主要差异。

先看第三条。互联网技术，电商直销，这是绝大部分"互联网＋传统行业"都在做的事情。小米通过电商直销，节省了开实体店面的场地租金，减少了运营环节。但很多其它互联网企业也是这样做的。在这点上，小米与大家的思路一样，并没有太多出人意料之处。

再来看看第一条。任何树大根深的中外知名企业，都在努力做产品。比如，信奉"产品为王"的前全球第一大手机商诺基亚。大家常把诺基亚的坚固耐用编成网络笑话段子，让世界各地的网友在笑声中强化了关于诺基亚手机品质过硬的记忆。但在互联网时代的旋流冲击下，诺基亚已经退出了手机市场。由此可见，做好产品只是走"互联网＋"的第一步。

不惜代价制造的卓越产品，未必能得到广大用户的积极响应。用户至上是互联网经济的逻辑。做好产品顶多算硬件过关，要想获得成功，

还得从“软件”上下功夫。这里的“软件”并不是指智能软件，而是指企业管理与企业文化。小米的产品也许不是世界最优秀的，但它能成功的最大秘诀是——真心真意和用户交朋友。

不少人认为，互联网的用户思维就是“用户是上帝”。但小米科技用户体验总监唐沐对此不以为然。

唐沐说：“很多商人会讲，我们要把用户当上帝，但其实这件事是非常难做到的，而且这是很空虚的话。我们为什么要和用户做朋友？我们认为用户不是上帝，是身边每一个具体的人，每一个实实在在的人，你只有把他当朋友，他的意见你才能听得进去。比如说，我把我的产品推介给我的朋友，我的朋友用这个产品他所产生的感受我非常在意，他提出的建议我一定第一时间解决，所以把用户当朋友非常重要。”

互联网时代与互联网前的时代有个重要区别——平等精神。传统社会结构与组织结构都是中心化的，中心天然高于周边。而在互联网社会中，“去中心化”是基本精神。也许人们在现实生活中依然遵循着森严的等级观念，但在互联网上，谁也不比谁高一等。

把用户当上帝的观念，实际上违背了互联网的平等精神。所以，小米主张要和用户做朋友。这是一个很务实的理念。

“上帝”是一个抽象的符号，而“朋友”是具体的人。用户思维最关心的是改善用户体验。把用户看作虚无缥缈且没有人格的“上帝”，就不可能认真考虑他的真实感受以及实际需求。把用户当成朋友的观点却恰好相反。朋友之间是相互信赖的，可以相互倾诉。人们会本能地在意朋友的感受，对朋友更加热心。而这份热心与尊重，正是互联网企业服务的立足点。

和用户做朋友的观点，包含了三个层次：

首先，与用户打成一片，积极邀请他们参与企业的各种活动。这样才能为用户提供良好的参与感与体验感。

其次，像朋友那样用心倾听用户的反馈意见，力求在第一时间解决他们的问题。做不好这一点，朋友是没得做的。

最后，下功夫经营与用户的“友情”，把他们变成企业的忠实粉丝。服务某个用户可能只是“一期一会”的一次性活动，但企业应当以建立长久的情感联络为宗旨，并以此原则对待每一位走过路过的潜在用户。

雷军说：“只有真正和用户交朋友，才能真正获得用户的喜欢和信任。”这就是小米在实战中总结出来的用户思维，也是所有正在探索“互联网 +”模式的传统企业，应当注意改进的重要地方。

许多人只看到了小米的互联网预售渠道与饥饿营销手段，却忽略了小米“真心真意与用户做朋友”的服务精神。“服务”二字看似平凡无奇，实则博大精深，包含了无数细节。一个企业有没有与用户做朋友的诚意，从其服务的细节就可以看出端倪。在众生皆崇尚平等的互联网社会中，没有诚意的产品与服务，好比是一剂营销毒药，必定会伤及企业的品牌影响力。

所谓法无定法，有诚意的服务并不拘泥于单一的形式。世界上没有放之四海皆准且完美无缺的万能服务模式。每个企业的服务流程、服务团队规模、服务内容、服务对象都大相径庭。没有绝对的标准答案，只有结合自身的特点反复摸索，才能找到最能体现企业特色与诚意的服务模式。

当然，万法归一，不离其宗。无论你用什么样的特色服务来对待用户，只有给予他们“超预期”的体验感，才能让用户感受到企业的真心诚意。

小米发展“米粉”的诀窍非常简单易行。无非是服务人员时刻牢记并贯彻“每位用户都是老友”这句话。

珠海有位印度用户出于好奇心，曾在回国前三天去当地的小米之家参观。小米手机只在网上直销，几秒钟就被抢购一空。但这位印度用户对小米缺乏直观的实体感受，故而心血来潮前往小米之家感受小米工作人员的服务。

他在现场得到了小米客服人员的热情招待。在经过详细的产品推介后，他决定购买一部小米 4 手机。这位印度用户三天后就要回国，担心购买手续来不及完成。于是，一位客服就把公司发给自己的小米 F 码送给了他。

小米手机主要采用网售，由于产品很受欢迎，用户抢购难度不小。但是用户获得小米 F 码的话，就无需等待，可直接购买小米手机。这相当于一个绿色通道。根据小米官方的解释，F 指的是“Friend（朋友）”的首字母，故而 F 码又称朋友码。F 码就是小米公司授予用户的优先购买权，通常只发给小米手机的核心用户或贡献突出的“米粉”网友。

那位印度用户自然不属于这两类人，但小米客服人员还是把自己的“朋友码”送给了他，并手把手教他如何下订单。可见，客服人员已经将用户当成了朋友。仅仅两天印度用户就收到了快递配送的小米 4 手机，但他不太会用，于是那位客服人员又帮印度用户刷了港版系统，并教了他几个基本功能。两人约好下次见面时一起吃广式早茶。后来那位印度用户变成了“米粉”，在推特上发布了关于这次服务体验的日记。

这并不是小米服务的唯一形式。因为小米尊重“朋友”们的个性，并不让客服人员按照什么条条框框来提供服务。这种特色服务的关键是由心而发，真正将“米粉”当成朋友来对待，直到让他们满意为止。

在互联网时代，用户的消费习惯越来越个性化，这就要求企业的更加精细化，同时不断提高品质。需要注意的是，精细化服务虽然没有统一的格式，但并非毫无标准。只有在服务流程标准化的前提下，才能将多元化的精细服务做好。此外，按照与用户交朋友的原则，互联网时代的服务更要贯彻以人为本的精神，满足用户的参与感、体验感、成就感。总之，小米式服务的精髓就是真心诚意地与用户交朋友。在这个指导思想下，员工可以运用各种灵活多变的办法来完成这一目标。

这种具有互联网思维特色的理念，不仅给小米带来了巨大的经济效益，还给其带来了可观的社会效益。

雷军曾感慨道 :“我上次去成都小米之家的时候，还有很多是义务劳动者。义工，周末带着孩子，来我们小米之家玩，帮我们服务用户，帮我们的用户解答问题，特热情。我问他为什么，他说周末没什么事情干，他孩子在这里玩，他就帮我们干活，特热情。我们最大限度地把大家全动员起来，我们知道大家渴望被尊重，渴望参与，但是我们这个社会没有给他们太多可以参与的东西。”

成都小米之家的案例表明，企业是可以和用户做朋友的。只要企业真心对用户付出，用户也有会回报企业的情义。“米粉”们把小米之家当成自己的家，帮着小米员工来服务用户。这种休闲方式强化了小米与“米粉”之间的纽带，进而从弱关系群体升级为强关系群体。

在这个“一切以用户为中心”的互联网时代，良好的体验感不仅反映在卓越的产品上，还与人性化的服务方式与社交方式息息相关。无论是什么企业，在探索自己的“互联网 +”模式时，都应该拥有与用户做朋友的精神。唯有如此，才能超越传统营销服务模式的局限性，获得更优秀的品牌名誉。“互联网 +”就是走群众路线，像对待老友一样对待用户。不能认清这点的企业，将很难与同行竞争。

3. 品质服务：互联网的本质是留住用户

随着科技不断进步，社会生产力与供应能力越来越强，万众创新的创新 2.0 时代也悄然降临。这使得互联网企业有充分的条件打造极致的产品与个性化的特色服务。其中，为用户提供有品质的服务，是企业营销的至高境界，也是互联网时代的商业精神。“互联网 +”时代的企业与用户完全可以变成朋友，而只有高品质的服务，才能配得上“老友”的情谊。从这个意义上说，提供品质服务是“互联网 +”的落脚点。企业是否真正具备互联网思维，从服务的品质高低完全可以看出端倪。正所谓“不精不诚，不能动人”。服务没有品质，说明企业毫无与用户做朋友的诚意，也缺乏互联网时代应有的思维方式。

小米不依赖广告宣传，而是走口碑营销路线。口碑形成于用户的信任。甚至可以说，口碑是信任关系在信息渠道中的不断传递。这种牢固的信任关系源于企业真心诚意地与用户做朋友的态度。从这个意义上说，品质服务是企业取得用户信任的不二法门。

为了与用户做朋友，小米打造了一个极具特色的品质服务体系——“小米之家”服务站。

众所周知，小米是一家做智能手机的互联网公司，起初并没有设立服务直营店。2011 年 8 月，小米一代产品上市后很快引发热卖。一方面公司业务不断上涨，需要售后门店来完善自己的服务体系。另一方面，广大“米粉”也呼吁小米建设自己的线下网点。于是小米高层决定设立线下网点，并取名为“小米之家”，以展现亲近“米粉”之意。

小米之家是小米官方的直营客户服务中心，主要功能是服务与体验。它不仅仅是向广大用户展示产品与维修服务的站点，还是“米粉”们举行各种互动活动的交流场所。对于小米来说，办企业与做人的道理相通，多个朋友多条路，只有朋友才会真心为你着想，替你传播和维护口碑。俗话说：“买卖不成仁义在。”在互联网时代，企业要的不是这种心理隔着一层膜的“仁义”，而是要打成一片的“朋友”。因此，小米之家没有按照常规的售后服务中心来建设，而是借鉴了苹果的“天才吧”模式，将其打造成一个俱乐部。小米之家的宗旨只有一个——留住用户，而这也恰恰是互联网的本质。

不同于普通的手机售后服务点，小米之家的互动性更强。如今的用户普遍具有强烈的消费者主权意识，他们希望被商界尊重，希望能参与到产品或服务的改进当中。

雷军在一次讲话中提到：“我在做小米的时候，最大的愿望就是像我这样的发烧友，能参与进来，能提意见能改。就这么一条。比如这个手机有个功能是我提的，我追求这样的成就感。就是我原来从诺基亚、摩托得不到的成就感。我今天能让几十万人得到这样的成就感，我觉得这是小米的精髓。什么供不应求、粉丝经济都不是我们想出来的，所以大家能看到，粉丝跟我们的关系是很深的。”

小米与“米粉”的互动，在国内互联网企业中堪称一道风景。公司从上到下都十分重视提高用户对营销活动的参与度。

例如，雷军于2015年5月5日10:56在新浪微博发了一则消息——“我想请5位米粉，去印度和美国，来一场说走就走的旅行，如何？我们付所有旅行费用，但你要用配备骁龙810的小米Note顶配版在国外完成一系列任务，帮我们测试一下小米Note顶配版的各项性能。#米粉芯旅行#。”这是通过组织免费旅游的方式来直接邀请用户参与新产品的营销。此举很快在互联网上吸引了无数网友的热评。

这并不是小米高层第一次在互联网上与广大用户进行互动。在这种

带头示范作用的影响下，小米之家也在全方位打造能留住用户的品质服务。

于 2013 年 11 月 13 日正式开业的珠海小米之家，是小米在国内的第六家官方服务旗舰店。在开业当天，小米之家立即推出了“一小时快修服务”项目。也就是说，凡是非人为损坏的小米手机，小米之家将在一小时内修复完毕并交回用户手中。

服务流程的标准化与便捷化，是打造品质服务的一个基本要素。“一小时快修服务”的承诺看似简单，然而，支撑这个承诺的不只是“与用户做朋友”的热心肠，还要有强大的技术支持能力与优化的运营流程管理。尽管我们在前面多次强调互联网时代的服务是多种多样的个性化服务，但这种个性化服务并不是毫无章法的。经过标准化改造的服务机制，可以减少不必要的环节，节省企业的资源与消费者的时间。这样才能确保稳定的服务质量并缩短服务流程的用时，更快更好地解决产品的维修问题。

在注意力稀缺、时间呈碎片化的今天，谁能为用户节省更多时间与精力，谁就更容易留住用户。平心而论，珠海小米之家的地理位置并不优越。刚开业时，周围四邻还不知道这里有小米手机在珠海的直营客户服务中心。但没过多久，大家都知道了小米之家的“一小时快修服务”。

有品质的服务不光要快捷，还要富有人情味。许多企业培训员工时，采用了规范的礼貌用语与应对技巧。这的确能反映出服务人员的职业素养，但对于以留住用户为宗旨的品质服务而言，这还远远不够。

无论职业式的微笑多么标准，无论礼貌用语说得多么规范，都带有一种工业时代流水生产模式特有的“冰冷感”与“机械感”。用户接触一久，就会觉得这是一种带有功利性的虚假热情。如此一来，用户就很难把服务中心当成家，把企业员工当成自己的朋友。

因此，对于高品质服务来说，最重要的是人情味。这就需要企业员工拥有自然得体的言行举止，没有刻意的营销推介，尽量让用户感到轻松与舒适，而不是产生没买东西就被冷落的紧张感。

以珠海小米之家为例，这里所有的员工都被要求学会如何陪孩子玩耍。因为不少“米粉”来店里时，都会带着小孩。如果一边带着小孩一边与员工讨论产品问题，很可能会因为分心而难以达到预期的沟通效果。这样的服务就不够人性化。所以，小米之家的员工致力于掌握与孩子打交道的技巧，以便于“米粉”们可以放心地将孩子交给其员工，自己专心选择产品或体验其它服务。而天性好玩的孩子们也会与小米员工越来越亲近，甚至会向父母提出增加去小米之家的次数。

久而久之，小米之家成了街坊邻居的俱乐部，员工也与越来越多的“米粉”成为了朋友。企业与用户形成了一个本土化的连通线上线下的社区小圈子，粉丝经济的规模也水涨船高。

打造品质服务不只是靠员工的个人素质，还得从硬件环境上下功夫。小米之家的电视体验间，采用的是家居式设计风格的环境。当用户处于这种具有强烈参与气氛的场景时，就会忍不住坐下来体验小米的产品。据悉，有些地区的小米之家还出现过“米粉”因体验太过舒服而直接在电视体验间里睡着的趣闻。由此可见，无论是硬件设施还是服务方式，小米都紧紧围绕一个“家”字展开，力图为每一位光临的用户提供高品质的人性化服务。

2014 年 6 月 10 日，小米科技公司发起了“小米服务点赞月”活动，期限为一个月。在此期间所有光临“小米之家”或其它授权服务网点的用户，都能够享受到“小米服务点赞月”期间推出的“免费获得手机贴膜”“免费手机清洁”“免费手机检测”“保外手机免手工费”“小米 1 小时快修服务”。参与活动的用户根据自己的体验感受来“点赞”或投票，公司将在活动月结束后评选出明星服务网点。此举措提升了“米粉”的参与感，充分体现了小米服务体系以用户思维做服务的特色。前述的珠海小米之家凭借真诚而热情的品质服务一举夺魁。

在“互联网 +”浪潮席卷各行各业的今天，企业比拼的不仅是产品

升级速度与交易便捷性，更是在比谁能留住用户的心。留住用户是互联网的本质，而要实现这一点，离不开一个卓有成效的品质服务体系的支持。

为此，小米公司授予一线客服人员较大的自主量裁权。当用户因产品或服务问题感到不快时，负责接待投诉的员工可自行决定赠送贴膜或其它小配件，以缓解用户的负面情绪。此外，小米也非常注意根据用户的要求追加服务内容。例如，曾经有用户反映购买小米手机还要自己贴膜很麻烦，于是小米的客服在配送手机前，在订单上特意标明“送贴膜一个”。能做到认真倾听用户的心声并加以解决，才能称得上是贴心的高品质服务。

“互联网 +”模式是否成功，最终取决于用户的支持度。换言之，用户愿不愿意与你做朋友，是衡量一个企业是否具备互联网精神的重要标志之一。与用户做朋友的最佳途径，就是通过品质服务来吸引用户参与并创造价值。借用小米网负责人黎万强的话来说，“建立一个可触碰、可拥有，和用户共同成长的品牌”可能是当今企业留住用户的重要思路。

4. 重要经验：互联网 + 人才资源

“互联网 +”热与大众创业政策让许多企业都看到了发展壮大的机遇。特别是互联网公司纷纷开始了“抢人大战”。据有关专家预测，国内市场对互联网人才的需求在未来 5 年都很旺盛，人才缺口可能高达 1000 万，特别是移动互联网行业的高端人才稀缺。据悉，2014 年我国移动互联网应用研发人才的需求量高达 200 余万，而实际从业的还不足 70 万。目前，整个互联网行业都处于严重供不应求的状态。例如，经验一般的工程师需求缺口为 30:1，而资深工程师需求缺口高达 100:1。各互联网巨头的员工辞职或被裁员时，常常会被其竞争对手“哄抢”。

由此可见，及时挖掘到优质的人才资源，将成为企业实现“互联网 +”战略的关键。

雷军把重视人才视为小米科技最重要的成功经验之一。他说：“我们从跨国公司挖人，引进了先进的思想、技术和人才队伍，我们初期的前 200 人里，大部分人都来自于跨国公司。”

小米以不惜代价做好产品为企业理念，而要做到这点，取决于能否找到最优秀的人才。小米科技的 8 位创始人平均年龄 45 岁，3 位是中关村的本土创业者，5 位是资深海归人才。此后公司最初招聘的几百人大多来自微软、谷歌、摩托罗拉、金山等大公司。尽管相比业内同行，小米起初的规模并不大，但人才资源的质量极高。在很大程度上，小米公司之所以能在短短五年内成为国内第四大互联网企业、全球第五大智能手机厂商，是因为善于挖掘人才。

在人才供不应求的“互联网 +”时代，小米屡屡打赢人才争夺战。据业内人士总结，小米的胜利来自五个经验：

第一，舍得多花时间搜索人才

高科技行业的人才流动较大，而互联网行业的人才缺口也很大。也就是说，每天都有无数互联网人才另择良木。只有那些投入大量精力去搜索相关信息的企业，才能在第一时间“截流”。雷军说：“如果你招不到人才，只是因为你投入的精力不够多。我每天都要花费一半以上的时间用来招募人才，前 100 名员工每名员工入职都亲自见面并沟通，所以当初我决定组建超强的团队，前半年花了至少 80% 的时间找人。”这种魄力在创业公司中十分罕见。但也正因为如此，小米才能组建技术过硬、干劲十足的优秀团队。

第二，注意业内朋友的推荐

优秀的人往往与同样能干的人交朋友。假如理念一致，很容易一拍即合，共同创业。小米的 7 人内阁战队，就是通过相互推荐才走到一起的。雷军与他的伙伴们不是前同事，就是曾经合作过的朋友。大家都在为创业寻找可靠的合伙人。于是在相互推荐中找到了共同的奋斗目标，创建了小米科技。相对于其它招聘方式，推荐招聘有四个优点：大家比较熟悉，便于建立信任；稳定性较好，不会轻易跳槽；招聘成本低且满意度高；合作的成功率高。

第三，从知名企业中挖高端人才

小米的组织结构比较特别，是“一层产品 + 一层营销 + 一层硬件 + 一层电商”的扁平组织。每一层都由一位创始人打理。这些层级负责人主要来自国内外各大知名企业。例如，负责小米手机营销工作的黎万强，原本是金山公司的软件人机交互设计总监；小米工程副总裁黄江吉曾经是微软工程院的首席工程师；洪锋来自于谷歌公司；周光平加入小米之前，曾是摩托罗拉北京研发中心总工程师；负责小米手机硬件工业设计的刘德，则是毕业于国际顶级设计院校 ArtCenter 的技术专家。创业团队发展壮大后，小米还从百度、阿里巴巴、联想等国内互联网强企挖来了不少精英。

第四，一旦相中千里马，就持之以恒地招揽

在高端人才争夺战中，诚意是比薪资更强大的筹码。财大气粗的龙头企业都能给出可观的高薪甚至股权。但“互联网 +”引发的大众创业，正在改变高端人才的观念。许多大企业的优秀员工，特别是高层管理者越来越倾向于放弃当下的高薪稳定工作，加入这场难以预料的创业潮中。小米创业团队就是各大企业的前高管组成的。所以，小米在人才争夺战中不惜采用车轮战的方式邀请自己相中的佼佼者。有一回，为了聘请一位出色的资深硬件工程师，小米的几位合伙人轮流上阵，花了整整 12 小时终于用诚意打动了对方。这种对优秀人才的强烈渴求，在人才争夺战中往往起着决定性作用。

第五，重视已有的同事，留人要留心。

小米极其重视客服，拥有同行业中最大的客服中心，设立了大约 1700 个坐席客服，共有 2750 名员工从事服务工作。单论客服队伍规模，小米可能是同行竞争者的 10 倍。在招聘员工时，小米十分重视那些客服人才。与此同时，公司还努力将客服人才离职率控制在 15% 以下。为了做到这点，雷军定了两条标准：一是将小米客服的薪资待遇定得比行业标准高出 30%；二是为小米客服制定了每人每月 600 元的伙食标准（公司食堂包员工一日三餐）。雷军认为，只有解决人才的后顾之忧，他们才能把工作做到极致。

古来不知多少王朝，始于得士，亡于失才。人才对企业的重要性

不言而喻。在互联网人才供不应求的今天，谁能率先抓住稀缺的高端人才，谁就能获得超出对手的核心竞争力，比对手快一步抢占新的制高点。但由于种种原因，互联网人才跳槽频繁，流动性很大。这一方面让许多创业公司有机会收编资深精锐，也使得各大公司都不得不面对人才需求缺口增加的严峻现实。这对“互联网 +”背景下的人才资源管理工作，提出了更高的要求。

就目前来看，“互联网 + 人才资源”逐渐显露出以下发展趋势：

第一，企业花在人力资源管理上的时间将越来越多，而且核心工作就是满世界寻找人才

传统企业通常只盯着业务，而不愿意把时间花在搜罗人才上。而互联网企业，例如小米在创业时将 80% 的时间都用在了这个环节。虽然传统企业节省了招人的时间与精力，但其成长速度反而不如人才团队基础扎实的小米公司。由此可见，只有把时间花在刀刃上，才能最大限度地节约时间。

第二，“互联网 +”企业的人才管理方式正在发生变革

传统企业主要通过 KPI 绩效考核来管理员工，驱使他们努力工作。这在“万众创新”的互联网时代，未必很有效。传统的层级分明的权威式管理，在效率上远远落后于扁平化的网状组织。因为前者往往有 5、6 个层级，而后者大多是 2 个层次，最多也仅有 3 个。例如，小米的组织架构是：联合创始人——部门负责人——员工三个层级。层级越多，信息的传递速度越慢，决策与行动的效率就越低。因此，以小米为代表的企业呈现出高度精简的“倒三角”格局，以便加快运转速度。

第三，重视员工社区建设

互联网天生自带“去中心化”属性，让各个主体在某种意义上趋于平等。平等是最基本的互联网精神之一。这种精神不仅贯穿于互联网平台，也影响着现实世界。自媒体社会化是大势所趋，这使得“意见领袖”对企业内外的影响力与日俱增。一个人在微博或微信上可以与成千上万的用户进行互动。他在现实中也许位卑言轻，在互联网上却可以影响一群人做出某些群体反应。这就要求企业打破传统的以纵向沟通为主导的沟通方式，而通过员工社区来组织开放式的沟通。如此一来，各部门及各员工之间的横向联系将大大加强，参与互动的积极性也有所提高。通过员工社区的集思广益，企业可以集中解决平时积累的麻烦。

第四，部分企业开始尝试“人力资本合伙人制度”

互联网让人力资本的价值变得与货币资本、物质资本一样。企业“互联网 +”转型在很大程度上取决于对人力资本的经营。需要指出的是，人力资本是一种特殊的资源，更多体现为智力资本。随着互联网的发展，世界进入了创新 2.0 阶段，以技术创新及商业模式创新为依托的知识经济将逐渐成为互联网经济的主流。但当前的中国还有许多企业不是很重视人力资本。具体表现为只重视营销炒作而忽视对原创的激励。人力资本合伙人制度，就是借助职业经理人的智慧创意来高效经营企业。在互联网经济最发达的美国，人力资本合伙人制度比较普及，人力资本并非屈从于货币资本，两者是平等的交易关系，话语权也是平等的。而处于转型期的中国企业，大多还延续着人力资本屈从于货币资本的格局。这将束缚中国互联网经济的进一步发展。

第五，用一流的待遇招揽一流的人才，从而让他们创造出一流的价值

传统的经济学思维是以最小的人力资本、最少的待遇来换取最大的效益。在过去的人口红利年代，这种方法还是比较有效的。但互联网时代的逻辑却与之相反。一流的价值只会由一流的人才创造，而一流的人才只会被一流的待遇所吸引。中国的互联网公司不计其数，但能像小米

这样在短短五年内迅速崛起的黑马寥寥无几。这就是顶尖人才群联手创新的威力。加大对人力资本的投入，从而让效益呈现出指数增长趋势，这样才能充分解放“互联网 +”模式的巨大潜力。

总之，无论从互联网经济的发展趋势，还是从小米崛起的经验来看，正确的“互联网 + 人才资源”战略，可能会对企业的发展壮大起到决定性的影响。好产品、品质服务、与用户做朋友，都离不开一流人才的执行。无论是传统企业的互联网化，还是互联网企业的升级，都应该有重视经营人才资源的新思路。

第四章

小米的思路：硬件＋软件＋移动互联网

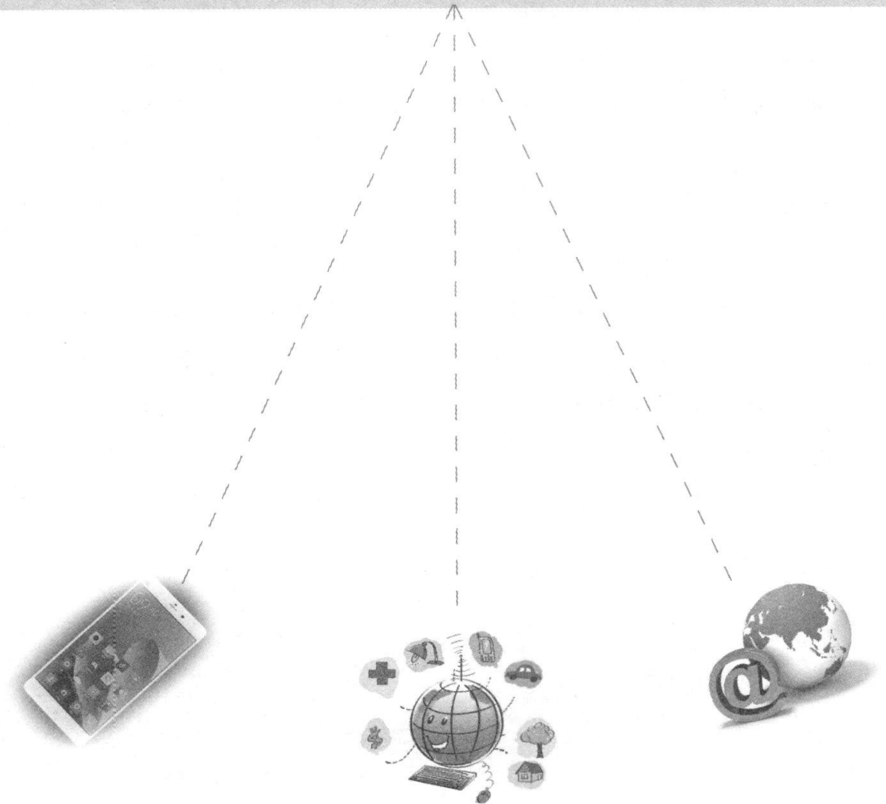

随着互联网的深度发展，国内互联网巨头企业对互联网的掌控力也越来越大，国内的互联网产业已经展开了全面细分，其所占据的优势已经从各个细分行业转移到了全细分行业。简单来说，就是以前的互联网企业，有的在硬件方面占据一定优势，有的在软件方面占据一定优势，有的则在移动互联网方面占据一定优势。但是，随着“互联网 +”口号的提出，这种单独的优势正在逐渐融合，形成一种全面的优势，也就是在“硬件 + 软件 + 移动互联网”的全面发展。

小米并不是一个单一硬件服务商，它在获得了足够的硬件市场份额之后，必然会将经营的重点逐渐转移到软件生态上，虽然硬件是必备的基础，不可或缺，但最根本的还是在软件和移动互联网生态链上，而小米必然会逐步向着这些方面靠拢。

小米希望可以在建立了硬件优势之后，通过软件和移动互联网应用来维护小米用户的深度体验，进一步增强用户的参与感，圈住用户的生态习惯，从而直接建立起从硬件到软件，再到移动互联网的接力式发展模式。对于小米而言，接下来的收益增长点必然是软件和互联网，但是在这两个方面，小米在自主开放方面还不具备显著优势，因此，通过集团式收购和入股才具备一定的可实现性。

1. 对话“互联网 +”，布局移动入口

2015 年 3 月，李克强总理提出制定“互联网 +”行动计划，这标志着在政府层面上开始正式推行“互联网 +”产业方面的发展规划。事实上，仅仅从市场层面就可以看出，“互联网 +”的关注点，已经从原有领域转移到了移动互联网领域。而这正好预示着企业级移动互联网“入口”正式形成。

4 月 9 日，用友集团发起了“对话移动互联网 +”的互联网峰会。用友通信副总裁白弢、百度高级运营专家凡晓芝、中国软件网总裁曹开彬等，连同行业内专家和企业家聚集在一起，讨论企业的移动互联网转型方法和需要走的道路，并对企业级移动互联网入口的布局方法达成了一致看法。此次峰会期间，用友还推出了自己的手机，并宣布用友集团的下属公司用友通信和用友优普将在各方面展开深度合作。根据参会相关人士透露，“对话移动互联网 +”峰会还会在国内的其它一线城市举行。

由此可见，企业信息化的步伐正在加快。但是，企业信息化会沿着哪个方向走下去，并且会遇到什么样的挑战，面临什么样的形势，甚至是移动互联网企业的管理和运营会产生何种变化，企业应该怎样安全地进入移动互联网入口，都成为峰会上移动互联网巨头们所重点讨论的内容。经过探讨，达成了以下几项共识：

（1）展开合纵联横，积极构建足够宽敞的“工作入口”

用友通信是用友集团效益最好的下属公司之一。它的核心战略就是利用各方面的合作，建立企业的移动办公平台，然后整合用友集团的全部资源为其它企业提供相应服务，甚至是定制化服务。这样就可以逐渐形成集通信、IT、数据等众多技术型环节为一体的信息化解决办法。

其实，小米公司也可以效仿用友通信的信息化解决方案，在应对“移动互联网 +”的过程中占据更多主动权，深耕企业信息化市场，利用自己在手机市场的优势，融合各方面的业务，构建企业级“入口”。

（2）积极寻找市场新机遇，让更多企业步入移动互联网浪潮中来

随着科技的不断发展，智能手机已经得到普及，移动互联网企业都在积极地谋划未来，移动互联网这个大蛋糕，个人用户市场这一块，基本上已经被分割完了。但是企业用户市场，还拥有很多未被占领的区域，没有十分明确的寡头格局，这正是众多移动互联网公司的机会，这不仅仅针对用友而言，对小米公司来讲也是一样的。

在移动互联网浪潮中，无论是传统企业还是互联网企业，都应该考虑如何运用“移动互联网 +”所带来的机遇，加快自身的发展速度。谁也不清楚未来的形势会变化成什么样，所以只能尽最大的努力抓住现在。在这“移动互联网 +”时代，企业应该打开发展新思路，积极地展开与其它企业之间的对话与合作，这样才能在移动互联网浪潮中站稳脚跟，获得更好的发展。

用友通信与其它企业在移动互联网领域展开了积极合作，并提出了“拥抱移动互联网”的口号，而众多移动互联网企业对此的共同理解就是：移动互联网企业应该将自己现有的思维进行升级，然后再寻找一个可以作为依托的互联网平台，融入生态圈中，以此来获取流量和用户资源，实现红利共享。此外，移动互联网企业必须重视公司品牌的建立，

特别是某些依托于互联网巨头企业的公司，如果不想继续仰人鼻息，就应该积极准备，着手建立自己的品牌。只有这样，才能得到更好更快的发展。小米公司在这方面就是先行者，做得十分到位，也收获了可观的成绩。

（3）构建平台型组织，展开“移动互联网 +”企业级的联盟合作

为了为移动互联网企业提供更优质的服务，用友通信还通过用友集团与其它企业联合发起了“移动互联网 +”企业级联盟合作。在会上，用友通信表示，联合合作的对象都是大型移动互联网企业，或者移动互联网企业家。用友通信正在积极打造一个关于“移动互联网 +”的研究专家组，企图联合业内精英、知名媒体等方面的力量，构建一个关于“移动互联网 +”的发展战略智库。同时，用友通信还特别为加入联盟的企业提供全方位服务，并让其享受到新推出的工作手机免费体验特权，用友通信与用户的互动交流也即将展开，届时，将迎来一个交流高峰期，用友通信将在服务方面进行全新包装，争取赢得更多用户的支持。

在“移动互联网 +”时代，任何企业都要积极抓住这次机遇，快速发展自身的实力。小米公司就根据“移动互联网 +”时代的特性，适时推出了自己的合作发展策略，在“移动互联网 +”时代的路上先行一步。小米正在通过“互联网 +”塑造自己的服务商思维。

例如，小米路由器，并不仅仅是路由器。它还是具备多功能扩展性的智能产品。如果想要彻底了解小米公司在路由器方面的设计构想与期望发展的景象，那么可以通过两件事情探查一二。

第一，小米路由器的负责人，就是小米公司联合创始人黄江吉。他曾在微软公司中国区担任工程院的开发总监。而在小米，他主要负责的是米聊以及小米云。他已经从事这方面的工作多年，具备十分丰富的经验。第二，小米路由器与其它同类产品相比，存在很大的不同，它的计算机芯片的性能远超其它同类产品，而且它还携带着一个 IT 硬盘。

也就是说，小米路由器不仅具备路由联网功能，还具备更多可供拓展的功能。

曾服务于《计算机世界》的刘韧认为，路由器就相当于一台计算机。黄江吉指出，计算机只能算作是小米路由器很小的一部分，它还拥有着更大的想象空间。其实，小米路由器就是一个集实用、玩乐等环节于一身的可拓展的家庭服务器。

这种可拓展服务器其实就可以充当移动互联网的入口，为小米进入移动互联网提供有效契机。在“移动互联网 +”时代，小米在移动互联网转型之路上前进的步伐必然会不断提速，逐步建设成集“硬件 + 软件 + 移动互联网”全面发展的移动互联网企业。

2. 新生态：揭秘小米智能硬件布局

雷军曾高声呼喊："让每个人都能享受科技的乐趣。"了解他的人都明白，他之所以会如此说，是因为他要推出某款新产品了。

2014 年 7 月，小米正式推出了自己的智能硬件产品——小米手环。当时的百度指数非常火热，其所提供的数据给消费者带来了巨大冲击。很多企业纷纷惊叹（小米手环仅售 79 元，折合 13 美元），而创业公司更是欲哭无泪。单从价格角度而论，小米手环就挤掉了无数此类产品，致使相关产品的创业公司面临的生存环境举步维艰。以前的手环产品往往都需要数百元，如今的小米手环却仅售 79 元，这无疑让手环产品走下了神坛，成为大众产品。这正好表现出小米在智能硬件市场上的野心，它已经开始在这一市场进行布局。

实际上，小米在智能家居领域的野心更大。据相关资料显示，小米已经陆续与几个芯片生产商展开积极合作，在原片之中写入嵌入式系统，然后再向硬件厂商提供免费的智能芯片，从而实现"硬件预装"，这样就可以保证增加的成本几近于零。小米就是通过这种方式将普通硬件直接改装成智能硬件，让物联网的连接速度一提再提的。

小米早在两年前就已经开始在智能家居领域进行积极布局，在 2013 年初，小米注资收购了一家名为 wifi.io 的公司，这家公司主要从事智能硬件研发组件的工作。之后，小米在智能硬件领域的布局进程逐渐加快，某些成果即将面世。

众所周知，以前有关物联网方面的事物发展十分缓慢，主要原因就是绝大多数生产商无法培育用户的消费习惯，而用户的消费能力却十分有限，这就决定了厂商的长期投入得不到有效资金支撑，最终智能硬件的发展速度只能滞缓。生产方所推出的智能硬件的价格包含了硬件成本、研发成本以及运营成本，所以价格居高不下，这就导致绝大多数消费者无力购买，更没有购买的动力。消费者之所以购买某款产品，主要是因为某款产品对他们来说有价值，可以满足他们的某种需求。但是，消费者从来都不会理会产品的生产成本是多少，只会与市面上的其它产品进行对比。比如，电冰箱的价格是 2000 元，而智能电冰箱的价格则是 10000 元，那么绝大多数消费者自然不愿意花高出 4 倍的价格去购买智能电冰箱。

而智能硬件的销售价格之所以居高不下，主要就是因为智能硬件的成本居高不下。智能硬件的成本主要消耗在三个方面：芯片、研发、运营。芯片所占用的成本基本是智能硬件的三分之一。智能硬件的研发周期往往很长，因为不具备规模效应，所以只能将研发成本均摊到每个智能硬件上。而在运营方面，所耗费的成本更是庞大无比。比如，如果将 6000 万台格力空调连接到互联网上，通过网络进行控制，那么仅仅数据传输这一项，就能消耗掉格力空调一年的利润。

只要厂商研发的智能硬件的价格下不去，那么消费者就没有任何购买动力。比如，同一款电风扇，没有智能芯片的仅售 50 元，安装上智能芯片的售价 200 元，两者差价如此之高，会让很多消费者认为这是一个销售陷阱，智能与否也就变得可有可无了。勇于尝鲜的人毕竟不多。而一旦消费者没有购买欲望，那么商家必然就在进货方面大打折扣，于是，也就变成了一个死循环。

智能手环也是如此。通常，一款智能手环的价格都在 300-1000 元左右，这对于普通大众而言，已经不是一个小数目了，因此，这种设备的用户群仅仅是“爱好者”群体，大部分消费者根本就体验不到它所带来的便利。更让消费者难以接受的是，智能手环普遍做得都不好，在支

持活动、锻炼和睡眠方面做得都不到位，电池续航能力也不好，在用户分享方面的体验近乎于无，所以尝鲜者在尝试之后，一般都不会推荐给身边的朋友，因此也就难以形成燎原之势。

而小米则试图通过生态玩法，去改变这一困境，燃起手环消费的燎原之火。

对于当前市场上的手环产品而言，小米直接将其定义为“身份识别标志”，可以说，小米手环就是小米生态中的身份证。通过小米手环，消费者可以直接解锁小米手机，未来甚至还可以通过它在小米电视、小米路由器、小米智能家居等方面进行身份识别，让这些智能系统为用户提供定制化服务。比如，用户只需戴着小米手环站在电视前面，就可以直接在电视屏上看到自己昨晚的睡眠情况，甚至还可以通过用户观看电视的记录为他们提供定制化节目单。

小米手环的售价仅为 79 元，这个价格让平民用户都拥有购买能力，自然就得到了大多数用户的欢迎。但是，这也引来了同行业者的叫骂。他们认为小米的这种做法破坏了行业的规则，对他们产生了巨大伤害。然而事实上，拥有丰厚资源的小米在进入智能手环领域之后，依然没有打破这种困境，那么只能证明这个领域还处于“蛮荒时代”，远远没有成熟。那些叫骂的人，或许应该观察一下小米是如何做的，再“取其精华，去其糟粕”之后，或许还可以打个翻身仗。

在智能手环领域，小米的做法无疑是非常适用的，因为它的成功很好地证明了这一点。其实，小米手环如同小米盒子一样，在推出之后，都取得了巨大成功，而这种成功正好给市场带来了教育意义，这种成功的出现只会将市场做得更大。起初，在小米盒子出现之后，一些山寨盒子生产商全都乐坏了，因为小米的出现，直接带动他们的销售量增长了近百倍，让盒子这种“硬盘播放器”彻底摆脱了山寨气息。

其实，小米手环就是在创造市场。但是，这种创造所带来的影响力远远比不上小米智能家居在上游产业链的布局带来的影响力大。小米在智能家居领域的布局，可以说是在撬动整个行业。物联网发展了很长时间了，但大部分都是关于概念性的陈述，基本没有什么拿得出手的产品，因此消费者基本也没有享受过相应的福利。

据小米内部人士透露，小米已经开始推进“硬件信息化”建设。小米为厂商提供具有嵌入式系统的芯片；提供近乎于免费的云服务，为厂商的硬件联网以及信息管理提供了便利条件；提供场景控制支持，让产品不再需要每件都安装一个 APP，节省大量成本；还将路由器作为了控制中枢，以便于用户的使用控制。

而其中，最难的一点莫过于提供芯片。该人员称，目前小米已经与数家知名芯片制造商展开合作，只需要在芯片生产商的手中拿到原片，就可以直接将原片加工成智能芯片，这样小米芯片的生产成本就极低了。这使小米可以将芯片低价提供给硬件开发商。此外，小米还可以为硬件开发商提供一定的补贴，在不增加任何成本的情况下，实现芯片的“智能生产”。

那么，小米到底是如何低价拿到芯片原片，从而将成本控制在最低程度的呢？智能芯片在一个研发周期内的生产量往往不大，而芯片生产商往往在一两年的时间里才生产出 100 万个芯片，所以他们就无法降低成本。而小米在采购原片的时候，往往都是大批量采购，对于这些芯片生产商而言，数千万的芯片无疑就是天文数字了。同时，小米因为自己的手机和电视等产品所积累起来的议价能力，直接将一些额外的成本，比如研发、运营等方面的成本直接摒除掉了，因此，小米就将智能硬件的成本控制在了很低的程度。

对于硬件生产商而言，且不说获益，就减少研发难度这一项，就为他们解决了很大困难。比如，在原片上写入嵌入式系统，很多硬件开发商都不具备这种实力，一些电器厂一般都是将这一块的业务直接外包给技术公司，这无疑又增加了一个成本。但在小米进入智能家居领域之后，便直接负责解决这方面的难题，可谓是为生产商节省了一层成本。

硬件开放商所获得的收益远远不止这些，它们还可以获得对其发展十分有利的开放协议。目前，装有小米智能芯片的智能家居产品即将面世，而在这一过程中，小米将会进一步开放协议，实现一个平台控制所有产品的愿景。同时，这个控制平台还可以进行智能学习。比如，对于智能空调来说，如果家中有人，并且天气非常热的时候，它就会处于使用状态。另外，如果根据大数据显示，小米用户中有超过 80% 的人打开了智能空调，那么就说明天气很热，这时你的智能空调就会自动打开。

小米一直在致力于推进智能家居进程，小米对其投资的硬件公司和传统电器公司等，都给予了大力支持。用近乎免费的费用为他们提供智能芯片。此外，小米还主动为他们提供云服务，帮助他们的硬件进行智能联网，而对于比较突出的智能硬件，小米还会提供自己的销售平台，帮助他们销售产品。

我们可以想象一下，将来一款电视机，智能与普通之间，仅相差不到 30 块钱，或者价钱相等，那么你是会选择普通款，还是会选择智能款呢？显而易见，几乎没有人会选择普通款的，因为人们都想享受生活，享受智能家居为人们带来的便利。

因此，雷军所讲的“让每个人都能享受科技的乐趣”并不是一句空口号，它正在以超快的速度变为现实。

3. 移动互联网时代，优势与劣势等长

随着移动互联网时代的到来，互联网技术的发展速度一提再提，人们所处的社会环境的变化速度也越来越快，逐渐超出了人们的想象。英特尔总裁格鲁夫曾说过："世界是一个不断被延伸和拉近的空间，它既垂直又水平，既相互协作又充满竞争。而时间，不再是任何企业或个人成就的保护伞。某种原因，很可能在上一分钟造就你，下一分钟就会毁灭掉你。无论是企业，还是个人，要想生存的更长久，就必须掌握这个节奏，否则，就会随时有可能被颠覆！"

在PC互联网时代，阿里巴巴、腾讯、百度等互联网平台型企业获得了巨大成功，并逐步发展成为全世界备受瞩目的互联网生态圈。正因为如此，目前很多电商以及传统企业，甚至是一些零售商，都在积极地追随着互联网巨头们的脚步，企图复制他们的成功模式，同时借助互联网平台之便，发展自己的事业，甚至还有些认识到互联网潜在商机的人，积极地投资一些网店等，希望通过这些方式在随后的零售革命洪流中大赚一笔。

但是，人们忽略了一点，那就是在互联网时代，人们所拥有优势与劣势的时间是等长的，任何企业都不可能永久地占据优势，这种占据与失去的时间是一样的，很多企业虽然在前期已经积累了大量资源，但这并不足以支撑他们能够获得持续成功。甚至在移动互联网时代，这种优势的得失往往都在旦夕之间。比如，苏宁电器正处在这种优势与劣势等长的时期。

2014年7月30日，苏宁电器正式对外公布了自己2014年上半年的财务报表。据报表显示，2014年上半年，苏宁电器的营业额为511.60亿元，而去年同期的营业额为555.30亿元，同比下降7.9%；亏损额高达7.5亿元，而去年的同期赢利是7.3亿元，同比下降202%。其中，网上销售额达到了82.8亿元。

2014年第二季度，苏宁电器的营业额同比降低0.14%，而线上营业额的环比增长高达50.97%。2014年第一季度，苏宁电器的营业额是228.7亿元，亏损额为4.3亿元。

苏宁电器董事长张近东认为，2014年，是苏宁电器最为关键的一年。2014年上半年，苏宁展开了门店结构优化策略，前后关闭了大量的连锁店。此后，苏宁电器在整个东南亚市场线下销售额的降幅稳定在了4%。

同一时期，三星电子的营收状况也出现了重大变故，营业额和净利润逐渐下滑。

根据三星电子2014年第二季度财务报表显示，企业的营业额为69.9亿美元，这要远低于去年同期营业额85.77亿美元；三星电子的净利润为510美元，同比下降8.9%。而三星电子的移动部分，净利润收入同样表现欠佳，同比下降30%；营业额仅为256亿美元，同比下降20%。

很多专业人士纷纷对三星电子的营收状况进行了详细分析，得出的结果不容乐观——他们认为三星电子随后的财务营收情况可能会持续走低。

苏宁电器和三星电子在同行业中都属于顶端的存在，为什么它们会出现这种情况呢？

针对于这种情况，苏宁电器方面回应称，产生这种情况的主要原因有两方面：一方面是苏宁的外部动力出现了某些停滞，有些跟不上发展速度；另一方面则是电器行业的电子商务的景气指数较低。此外，还有很重要的一个原因，那就是苏宁电器在进行互联网商业模式调整，积极地在电商圈展开布局。

而三星电子表示，世界移动行业在市场份额方面的竞争越来越激烈，这就导致三星电子依然没有十分明确的增长前景。但是，随着三星新产品的上市，三星电子产品的销售量必然会有所回升。但由于当前市场在价格方面的竞争加剧，所以产品销售的赢利也会受到一定的影响。

很明显，行业竞争加剧确实是一个影响企业营收的重要因素，但有一种因素是不可忽略的，那就是行业的景气指数（某些行业所拥有的优势）虽然某些行业所拥有的红利优势正在逐渐消失，但一些行业翘楚也在积极地寻找出路。比如，苏宁电器的云电商战略已经展开，它必然会在短时间内重新夺回原有的市场份额，甚至是更进一步。

三星集团副会长尹钟龙曾做过一个十分形象的比喻：假如你在海里打捞到一条金枪鱼，并且当天将其直接卖掉，那么你就有可能以很高的价格将其卖到一家高档餐厅；而到了第二天，你就只能以第一天一半的价格将其卖到一家中档餐厅；到了第三天，金枪鱼依然可以卖出去，但成交价格仅有第一天的四分之一，收购者也只能是低档餐厅；到了第四天，即使你白给，也没有餐厅愿意收购了。

其实，这跟日新月异的互联网产品是一样的，时间对产品的影响是巨大的，不管是资金还是生产，时间就是效率，谁能以最短的时间积聚到足够多的资金投入生产，然后再以最短的时间让新产品上市，那么他就是赢家。无论是得到优势，还是失去优势，所使用的时间都是等长的。这就需要企业根据对当下形势的判断，作出迅速反应。显然，在这一方面，小米公司的董事长雷军做得就非常好，而他之所以可以成为互联网方面的赢家，就是因为他主动洞察了市场先机，作出了快速反应。

不可否认，雷军具备一种超前的战略眼光，而这一点，自他创办小米开始，就展现得淋漓尽致。

自从雷军察觉到移动互联网所存在的潜力之后，就果断地向一个小

型互联网企业注入资金，尽管这个企业不大，甚至是濒临破产，但雷军依然义无反顾。这家小型互联网企业就是 UC 优视。雷军利用天使投资人的身份，直接对这家小企业注资 400 万元，为这家小企业的发展提供了强有力的资金支持。

随后，事实证明雷军的这一举动是多么的正确。UC 优视后来成为中国第一家在手机浏览器领域拥有独立知识产权的企业，并成为中国领先的互联网软件提供商。2014 年 6 月，UC 优视与阿里巴巴签署协议，正式并入了阿里集团。UC 董事长俞永福被任命为 UC 移动事业群总裁。

这次整合或许是中国互联网史上有史以来最大规模的合并，根据相关数据统计，UC 在整体并入阿里集团之后，市值有可能会蹿升到 50 亿美元，这无疑是在向世人证明，雷军的投资是聚划算的，以最小的投入，实现了最大的利益。事实上，雷军在作为天使投资人的历程中，他的每笔投资几乎都获得了十分可观的收益。从他投资的第一个项目 UC 优视，到凡客诚品，再到小米。而他之所以可以取得巨大成功，无非就是他选对了领域：移动互联网、电子商务等。在其投资的众多领域之中，雷军耗费精力最多的无疑是移动互联网。

雷军明白移动互联网时代得到优势和失去优势的时间一样短，互联网正处于高速发展期，也正是关键的转型期。因此在一些选择方面，必须要慎重再慎重。为什么很多电商和传统企业已经展开了自己的电商计划，到了最后还是与胜利失之交臂呢？因为他们没有真正清楚地认识到全球消费者正在利用移动互联网与现实生活的对接，实现自身的购买行为。

雷军之所以可以获得巨大成功，就是因为他清楚地认识到了移动互联网所带来的价值，预感到了电子商务可带来的可观利润，看到了利用手机做电子商务的商机，认清了哪里会获得优势，哪里会失去优势，利用自己前瞻性的眼光及时抓住了发展优势，不早也不晚，正当时。

移动互联网时代，最显著的特点就是快速迭代。雷军通过对移动互联网时代的把握总结出了一条经验，那就是“只要站在风口，猪也能飞起来”。雷军认为，创业是否可以成功，关键要看“命”。他针对其作了这样的解释："所谓命，其实就是在合适的时机做合适的事情，但是，创业者必须投入更多的精力去思考，去寻找那个可以让猪飞起来的风口。只要站在风口，即使翅膀很小，甚至是没有翅膀，都可以飞起来。”

因此，在移动互联网时代，一个企业，要想获得巨大成功，就必须在合适的时机做合适的事情，并且要做出迅速反应。当自身所处行业的优势逐渐消失的时候，要快速转型，只有把握好时机，快速出击，才有可能一击命中目标。只有一边奔跑一边思考，才能在最短的时间内克敌制胜。

4. “互联网 +”时代，移动互联网需要实现万物互联

“互联网 +”为软件行业带来了很大的机遇，因为依靠互联网做业务的企业越来越多，如此一来，他们对系统的需求量就会激增。这对于所有做软件服务的企业，或者是互联网基础服务的企业都是一个重要的机遇。如今，互联网企业应该跟上当前的形势变化，这样才能做出更好的“互联网 +”产品，以满足更多用户的需求，为用户需求的转型提供良好的解决方案。这种“互联网 +”的含义，有助于移动互联网实现真正的万物互联。主要体现在以下两点：

第一，移动互联网时代，互联网对人类生活的改变发挥了重要作用

互联网的本质就是将众多可以上网的设备连接起来。起初的时候，只是服务器，后来实现了 PC 联网，再后来就是手机联网，而手机联网之后正逐步向着万物互联方向发展。

第二，万物互联逐渐消除了企业与用户之间的距离

万物互联使信息的对称性越来越明显，只有信息对称了，用户主权才可以得到有效保障，虚拟世界才可以与现实世界有效的连接起来。而消息不对称则会使互联网连接率低的企业面临极大的生存压力。

因此，万物互联让所有的一切都产生了巨大变革。这为当下商业环境的改善提供了有利条件，并且加快了“移动互联网商业时代”的到来。

2014 年 11 月，在世界互联网大会上，雷军声称："在未来，通过小米手机就可以连接所有的智能硬件。"

在很多人看来，手机的屏幕不够大，用起来不方便。但是，在未来，世界上的每个角落都会布满屏幕，手机就会成为人们随身携带的电脑，你希望看到的所有事物都会映射在你的手机屏幕上。基于这种理由，小米进入了电视行业。在雷军看来，电视就是手机的显示器，而手机则是电视的遥控器。

后来小米又生产出了自己的智能路由器。它为什么要做这种相对而言比较传统且古老的东西呢？雷军说："因为路由器是每个用户家中唯一一个可以一直保持开机状态的联网设备。只要我们在路由器中装上相应的硬件，就可以将其改装成家庭服务器，这将成为每个家庭长时间不停歇的工作设备。"

这种连接的出现，无疑证明手机也可以在这样的连接中扮演一个重要角色。未来，手机可以与人们的办公设备、家庭服务器、个人设备等有效连接起来。最后，手机必然可以成为人们生活中不可或缺的一部分，成为人们的有利助手。

未来，这个世界的中心必然会与智能终端紧密地连接起来，或者说智能终端将成为未来世界的中心。因为人们周围连接的智能设备越来越多，按照这种情形来看，未来很长一段时间内，互联网企业的主要工作就是建立一个功能强大的完善的智能硬件生态链。为此，互联网巨头纷纷推出了自己的战略计划。

（1）小米推出"铁人三项"计划

小米公司在这方面就是一个先行者，它已经注资 25 家企业，让其帮助小米来完善自身的智能硬件生态链。比如，网络摄像头、智能睡眠仪、智能测压计等等诸多智能硬件设备，全都是围绕小米手机展开的。通过这种方式，"米粉"对小米的黏度就会越来越高，而小米手机上的

增值服务也会变得越来越多。将其简化，就成为小米开创的“铁人三项”模式，也就是“硬件 + 软件 + 移动互联网”，而小米正式利用这种模式在最短时间内获得了巨大的成功。

2015 年，小米公司的激活用户已经超过了 1 亿，预计到 2016 年，用户数量有可能超过 2 亿。现在，小米的全球市场刚刚展开。在此之前，小米已经开拓出六个市场，分别是香港、台湾、新加坡、马来西亚、印度尼西亚、印度，而印度被小米选定为今后一段时间内的主攻方向。雷军表示：“通过这种发展模式，小米有可能在未来五到十年之内，发展成为全球最大的智能手机供应商。如果这一愿景成真的话，那么可供小米发挥的舞台将变得更大。届时，小米就可以在全世界范围内展开自己的业务，粉丝数量必然还会激增。”

（2）腾讯推出“智能连接器”计划

腾讯董事局主席马化腾也表示，腾讯在未来的定位，就是要在连接器上面下更多功夫。腾讯最擅长的领域就是通信和社交领域。在“互联网 +”时代，腾讯在运营战略方面进行了很多调整。腾讯已经将搜索平台与搜狐进行合作，并且其电商业务也与京东商城展开了全面合作，而接下来腾讯则将主要精力都放在了对连接器的研究上。

在移动互联网时代，新的机遇出现了，所以很多企业都在积极谋划着，企图在这历史性的变革时刻，占据一席之地。在 PC 互联网时代，通信和社交仅仅是人们生活中的一部分，做连接器根本就没有任何可供支撑的动力。到了移动互联网时代，互联网技术变得越来越发达，通信和社交已经成为人们生活中必不可少的一部分，因此通信和社交大有可为。而手机正是通信的必备工具，这就催生了以通信和社交为基础的底层服务，为互联网企业带来了更多机会。

这种优势是 PC 互联网时代不具备的，那时，只能通过浏览器进行信息查询。而在移动互联网时代，我们只要知道了用户的社交网络之后，就可以根据具体信息为其提供底层服务。

而腾讯正是抓住了这一机遇，将工作的重点放在了连接器的研发方面。他们要做的不仅仅是将人连接起来，同时还要将服务和智能硬件设备连接起来。

（3）百度推出“人与服务”计划

百度公司的董事长李彦宏则表示：“过去的一段时间里，大量的互联网用户开始利用移动搜索寻找服务。在移动互联网时代，搜索引擎的作用正在发生某种变化，过去它主要负责人与信息之间的连接，现在，它正在向着连接人与服务的方面转变。”

连接，已经成为改变人们生活方式和社会环境的原点。小米公司利用手机连接所有可以连接的智能硬件设备，而利用这种思路，我们还可以进行下一步构思。

李彦宏说：“目前，手机确实拉近了人与人之间的距离，随后可穿戴设备或许将会实现人与数据库的连接，而这一场变革的终极目标就是实现‘万物互联’。”

如今，对互联网电视大家都已经耳熟能详了。那对互联网洗衣机，或者互联网电冰箱有人了解吗？它们联网之后又能发挥什么作用呢？

这种问题或许有很多人思考过，但绝大多数人得出的答案都是十分浅显的。很多人认为，洗衣机联网之后，人们就可以通过手机远程控制洗衣机洗衣服。这显然是以旧思想在看待事物。

在移动互联网时代，家用电器联网之后，我们的生活可以变得更有条理。比如，当你将一件红色的外套扔进洗衣机，随后又将一件白色的衬衫扔了进去，这时洗衣机会发出警告：“主人，红色的外套不能和白色的衬衫一起洗。”要想实现这一点，仅需在衣服的标签上添加一个洗衣标签，在上面标注上衣服的品牌、颜色、布料等信息，这样洗衣机就可以通过互联网进行自主判断。

然后，你决定将白色的衬衫拿出来，先洗红色的外套，这时，洗衣机又给出了一条提示："主人，这件衬衫已经洗了 36 次了，最近这个牌子的衬衫正好有优惠活动，您是否再买一件呢？"

之后，你又将自己的西服扔进洗衣机，准备跟衬衫一起洗。这时，洗衣机又给出提示："主人，西装是不可以直接用水洗的。在您家三百米范围内，有三家干洗店，其中，洗一套西装价格最低的是您家对面的'时尚干洗店'，在这里只需 59 元就可以洗一套西装。如果您需要，在按下确认键之后，洗衣店的员工会在 10 分钟内上门取西装。"

如果洗衣机可以与互联网连接起来，那么这些事情绝对有很大可能会实现。互联网为人们的生活带来了很大变化，但这并不是直接提高了单一环节的效率，而是对众多行业的边界进行了融合。这种融合促使互联网与智能设备的连接速度进一步提升。

移动互联网时代，万物互联将成为最终结果。而实现万物互联之后，很多行业之间的边界将会逐渐消失，相互之间将会进行多方面融合。一场大的变革正在临近，我们必须要清楚这次变革是什么，是从哪里开始的。这次变革开始于"PC 互联网时代"，爆发于"移动互联网时代"，而目前正在可穿戴设备方面进行大混战。未来，如果真正实现万物互联了，这种混战的局面将会结束。这种变化无论是对互联网行业，还是传统行业都产生了重大而深远影响。

"互联网 +"时代，万物互联已经在不可逆的趋势下，疯狂地连接周围的一切，让人们的生活变得越来越便利。

第五章

口碑营销：

口碑的真谛是超越用户的期望值

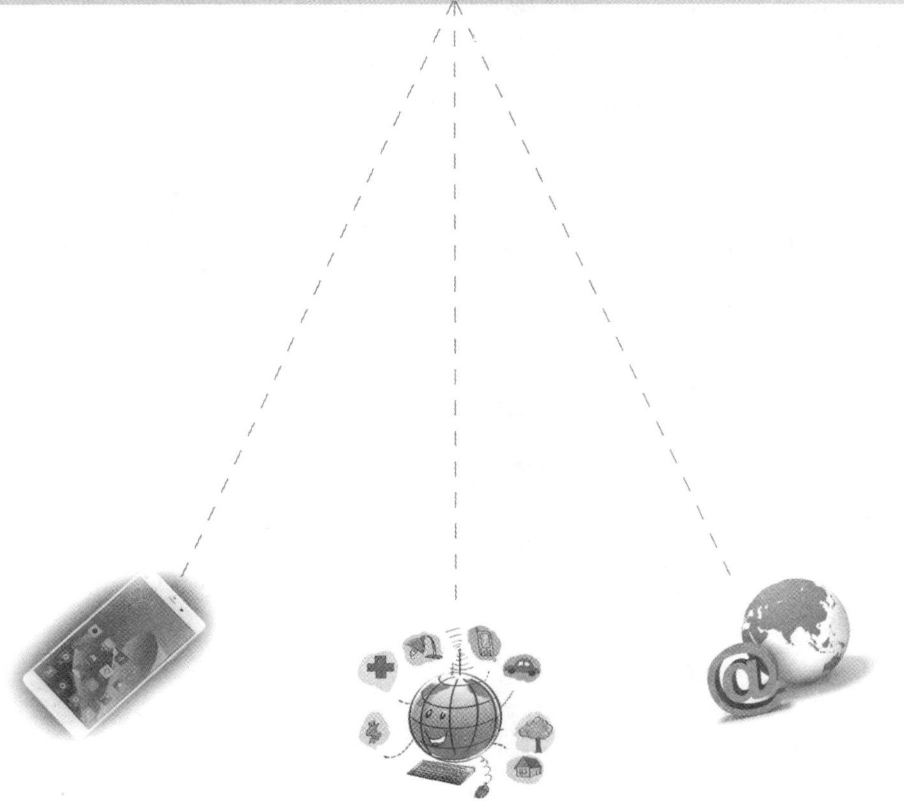

如果在2010年以前提起小米，我们只能想到它是一种食品。而今天无论是在路由器、电视、手机、插线板甚至体重秤方面，小米科技这个品牌都可谓家喻户晓，妇孺皆知。自成立至今短短5年的时间，小米科技就以令人咋舌的速度创造了互联网企业的发展奇迹，而很多人都认为这要归功于小米的口碑营销。事实上也的确如此，不俗的市场反响和良好的口碑使小米的产品和品牌在消费者之间口口相传，快速传播，使小米科技的企业正面形象得以推广，掳获了大批粉丝的心。

小米认为口碑的核心就是超预期。合格从来都不意味着成功，因为消费者在市场的同质产品中有众多的选择，合格产品只是其中之一。一个不容忽视的真相是：在当今的很多用户早已超越了购物满足基本需求的消费阶段，他们更多的时候是在享受购物的乐趣，追求精神层面的满足。企业想要在同质化的市场中脱颖而出就必须达到一个更高的层次，要超越消费者的预期。雷军也说过："口碑的真谛是超预期，只有超预期的东西大家才会形成口碑。"

1. 小米的九大口碑营销诀窍

由于小米在做MIUI市场的时候几乎没有花费任何成本，雷军希望做手机的时候也能不花一分钱就打开市场。可是事实上，小米做的MIUI系统，用户不花一分钱就可以使用，只要系统好，传播不费吹灰之力。手机则不同，它要求用户掏钱购买。2000块钱左右的东西，不花任何广告费用，就让用户来买单，这真的可行吗？

然而小米真的做到了，而其使用的方法就是抓口碑。小米作为一个全新的品牌，没有资金，没有渠道，甚至没有投放广告，他们只专心做好两件事——产品和服务。用这种最简单的方式死磕社交媒体，让用户认可他们的产品，夸奖他们的产品，主动向自己的朋友圈推荐他们的产品。而以下几点就是小米进行口碑营销的诀窍。

（1）小米认为口碑是互联网思维的核心

2004年谷歌在推出Gmail电子邮件时，巧妙地使用了邀请码机制，谷歌向用户提供了几千个试用账号，用户想要试用账号就必须得到邀请码，这种饥饿营销的模式使得谷歌的邀请码迅速在全球流行起来，人们用各种各样的东西来交换邀请码，比如什么迪拜两日游，旧金山名片等等，其在网络上的叫价一度高达75英镑。雷军当年也曾为了得到这一邀请码费尽心机。原来深谙“一切以用户为中心，其它一切纷至沓来”的谷歌早在2004年就已经能够完全依赖口碑来做产品营销了。谷歌强大的口碑效应深深震撼了雷军。

在中国有不少淘宝品牌的崛起也依赖于口碑。经典案例如服装品类的“韩都衣舍”凭借快速地跟进时尚设计，轻易地在各类购物社区中赢得女性用户的推荐和分享；护肤品类的“御泥坊”以其特殊的天然原材料矿物泥浆为卖点，吸引了不少消费者，是护肤面膜中首屈一指的领军品牌；坚果品类的“三只松鼠”也是在消费者的口碑相传中越卖越火的。

传统的营销逻辑巧妙地利用了信息的不对称性，把传播视同于“打广告、做公关”，认为只要嗓门大就能招揽顾客上门。而新的社会化媒体推翻了一切传统，它令信息传播的速度空前绝后地快，半径也以千百倍的速度增长，“一夜成名”的事件一时间屡见不鲜。

小米认为口碑是企业互联网思维的核心，信息的对称使消费者们开始用脚投票，企业的产品和服务到底好不好，广告说的不算数，用户说的才算数。特别是在具有强舆论自净能力移动互联网公共平台，产品的好坏信息，被用户通过社交媒体迅速地分享，从此以后，真的假不了，假的真不了。

（2）小米一直拥有用户思维

基于互联网建设，为消费者带来参与感的电子商务和传统商业有天壤之别。这种差别在近几十年造成了消费者购物决策心理的巨大转变。消费者的购物行为从早期的功能式消费，中期的品牌式消费，发展到如今的体验式消费。而今天小米又为用户带来全新的“参与式消费”。小米自己承担着风险，开放企业的运营过程，让米粉参与产品生产，为他们提供更深入的产品体验。

（3）小米和粉丝做朋友，建立信任关系

成千上万的用户有成千上万的想法，企业希望用户认可自己的产品，就必须给他们一个认可产品的理由。什么样的理由能够让用户认可

企业的产品？甚至在认可产品之后，愿意主动帮助传播呢？

小米的指导思想只有一个——“和粉丝做朋友”。众所周知，社交媒体建立的基础是人与人之间的信任关系，所以信息的流动就是信任的传递。企业应该把自己和用户放在平等的位置，人性化维护用户关系，让用户成为你的朋友，真心地分享传播，建立口碑。须知，朋友是粘性最强的用户关系。

（4）好产品是小米的发动机

一个企业想要树立好口碑，产品才是发动机，是基础的基础。如果产品的质量是1，那么企业的品牌营销举措都是跟在它身后的0，没有1，再多的0都毫无意义。小米营销的营销方式是口碑营销，口碑的本源是产品。所以产品的特点和优势以及表述这些特点和优势的素材是口碑传播的主动脉。

在小米看来，只要把每一次的新品发布会的演示文稿做好，产品站也就完成了一大半。这一做法和大多数的企业不同，它们在定义新产品的发布时总是把主要精力放在解释“产品概念”和“新形势”上。有一些运营者甚至认为用户看不懂产品站，也不愿意看产品站，费力去做产品站反而会影响产品理念的推广。他们说起产品理念头头是道，却对产品参数一知半解。

而小米从不认为用户是“傻子”，在小米社区，大多数用户在购买产品前都会仔细阅读产品说明，以便了解产品特性。他们还会搜索对比同类产品的参数，仔细地分析评测，甚至连拆解说明都要阅读。小米清楚地认识到，今天的用户，每一个人都是专家，靠广告赢得市场的时代，早就已经一去不复返了。所以小米往往会对产品提炼核心卖点，在PPT和产品站上下足功夫。

小米要求负责产品营销的员工对产品和技术的了解不亚于产品工程师，因为只有营销人员自己真正明白这些以后，才有能力把晦涩的术语翻译成“白话”传递给用户，才能找出真正对用户有吸引力的卖点。

（5）小米把社交媒体当作营销的主战场

小米认为有了产品的好口碑还够，还需要学会利用社交媒体将消息最快速地传递给最广泛的消费者群体。如果产品是口碑的基础，那么社交媒体是口碑的加速器。现在有一大部分的公司根据传统广告运营的思路把社交媒体运营的工作外包出去，简单粗暴。还有一部分公司直接从传统营销部门中挑选一两个懂网络的员工来做社交媒体的运营工作。这两种敷衍的运营态度，很难把运营做透做好。小米与大多数公司不同，小米公司在社交媒体的运营中投入了大把的人力物力，十分重视这一新媒体渠道，甚至把它当作核心战略。

从组建运营团队开始，小米的做法就是反传统的。传统企业通常会找营销策划人员，但是小米要做自媒体，要做内容运营。因此，要找的不是营销策划人员，而是产品经理——小米强调用产品经理思维做营销。小米的营销工作通过社交媒体平台直面用户，不再单向灌输信息给用户，而是随时随地发生交流。这就要求运营人员懂产品，能够把产品的特点给用户讲清楚。

那针对小米在微信公众平台的运营来说，它的服务号下设最新活动、自助服务和产品的三个标签。用户随意点击一个标签，都能得到方便快捷的自助服务，不但可以查阅订单和服务点位置，还可以任意咨询产品信息。而这一服务号曾经在粉丝增长到 80 万的时候，由于后台消息量过大导致了崩溃。但小米很快通过公众账号的 API 接口，开发了专门的客服后台，保证多客服同时在线，并实现信息共享。2013 年小米的微信消息总量突破 5000 万大关，其中人工处理量占 10%。

小米微信账号的粉丝有 60% 来自官网的引流，30% 来自微信的活动推广，剩下的 10% 来自对外合作，所以活跃度极高。2013 年 5 月，当小米的粉丝累积到 60 万的时候，第一次尝试在微信上发 F 码（给重

度用户的邀请码）。没想到仅一天时间，发放数量就达到了45万，粉丝增长25万，1小时内，销售额就突破5500万。2013年7月，红米在QQ空间的完美发布，给小米带来信心；2013年底继续联合腾讯通过微信做了“小米3”销售专场，15万台小米手机在9分55秒被一抢而光，同时为其带来了180万的粉丝增长量，小米的总粉丝量达到440万。

2013年的圣诞节前后，小米还针对微信的语音功能推出了微信“吼一吼”的创意活动。用户只需要发送“我爱小米手机”给公众号就能参与活动。后台系统根据音量进行逻辑判断，按照分贝排名。分贝越高的用户中奖几率越大，奖品是优惠价格的米兔玩偶。活动上线后很快就取得了不错成绩——超过30万用户向小米公众号吼出了“我爱小米手机”，很多用户还吼了不止一遍，甚至有用户为了争夺分贝排名而声嘶力竭地狂吼，引来邻居的投诉。最后小米的1万个米兔玩偶在数分钟内被抢购一空。

（6）小米用心培养种子用户

2010年8月第一版MIUI发布之际，用户只有100人。小米只好把这100人当作口碑传播的核心用户来经营。通过不断地积累，不断地扩散，今天使用MIUI的用户已超过了6000万。

在用户积累早期，雷军特别注重积累用户的忠诚度和纯粹度。当时曾经有人建议小米推出一款MIUI专用的刷机软件，雷军坚定地否决了这个想法。他认为，初级阶段的小米不适合做更大规模的推广，当前的任务是专注地召集发烧友用户，保持种子用户的纯粹性，如果盲目推广，会导致一般性用户过早地大量涌入，MIUI初期的核心用户口碑就可能会受损。

一个真正的发烧友关注什么？一言蔽之——新奇特、高精尖。

雷军认为，产品在某一方面做到极致，就自然能得到发烧友追捧。这也是小米手机从诞生之日起就一直追求高性能的原因。只要产品在同质手机中性能突出，个性鲜明，就一定会受到用户的追捧。而那些最初追捧产品、赞美产品的用户，就是种子用户。这些种子用户是消费者中的意见领袖，特别是在电子行业消费行为中，意见领袖的评价极大地影响着普通用户的购物行为。

现代社交化媒体的崛起又给意见领袖发挥其口碑营销的能力无限加成。以前的发烧友非常小众，顶多影响到周边人脉的圈子，而现在的情况是即便用户不打电话，也不上专业论坛询问消息，随便翻翻微博和微信就能非常容易得到产品推荐。当今的企业打动消费者的路径变得非常短，且呈扁平化趋势。所以，小米抓住发烧友做产品营销的方式取得了空前的成功。

（7）小米在定义产品卖点时，会充分地考虑传播性

“卓尔不凡”是我们在日常广告中的一个常见词汇，而在小米的内部会议上却经常被批判。小米认为在企业营销的内容设计上存在两个陷阱，一个是追求内容的“高大上、伟光正”，用词虚伪，不切实际。有些设计人员凭感觉认为有些东西套在产品上很炫很酷，单纯地要画面，抓不住产品的卖点。比如，用户在向朋友推荐小米手机的时候，一定不会说“小米卓尔不凡”而是说大白话“小米质量好”。第二个陷阱是不讲清楚产品的本质特点。这在很大程度上就阻碍了产品对接目标用户群。须知，只有核心用户才是重度用户，才是企业产品得以立足市场的根本。事实上有 42% 的小米粉丝都会重复购买 2 到 4 部小米的手机，小米在没有投放任何广告的情况下，仅靠粉丝的口口相传，就被翻译成 20 多种语言，在全球流传。

（8）小米给用户“走心”的服务

小米著名的“参与感三三法则”有三个节点：有用、情感和互动。这里的有用是要求不讲废话，情感是讲用户听得懂的话，互动是要求企

业和用户一起玩。该法则的目的是引导用户分享扩散。而传统的客户服务都是通过培训来教给一线员工一套复杂的标准答案。而在小米的客服培训体系里面，不仅仅有一套标准答案，还要求员工在掌握了标准答案后，忘记标准答案，要敢于针对具体问题具体分析，面对用户“说人话”。因为客服最终服务的对象是活生生的人，如果通过标准答案把员工培训成机器，变成机器和人对话，用户又怎么能满意呢？

（9）小米会主动输出故事和话题

小米在消息传播的过程中一直努力输出精彩的故事和话题。

小米的 MIUI 系统在口碑建立初期，有三个尤为重要的节点，这三个节点就是口碑传播的“故事和话题”。

“流畅”是小米手机的第一个口碑节点。小米是从深度定制安卓系统开始入手的，当时 MIUI 的职能主要是刷机。虽然从表面上看，用户在使用手机硬件，但绝大部分的操控体验是来自于软件的。在 MIUI 出现以前，很多刷机软件都来自于个人和一些小团队，他们都没有足够的实力或持续的精力，真正地做好底层的优化。MIUI 优化整个桌面的动画帧速，从每秒 30 帧、40 帧到 60 帧，加强了整个屏幕的操作流畅感，比如用户要给常用联系人发短信，一般的安卓手机需要 3 到 5 步的操作，而小米手机只需要两步。

“好看”是小米手机的第二个口碑节点。与苹果相比，安卓系统的原生界面非常的“难看”。小米在优化程序，让系统更加流畅之后，大概隔了三四个月，开始解决“难看”的问题。一年后，MIUI 的主题就已经到了可编程的地步，如果用户有一定的编程能力，甚至可以把主题做得千姿百态。MIUI 在手机主题这一块的产品上，设计论开放性和深度，整个安卓体系无人能及。

“开放”是小米手机的第三个口碑节点，小米允许用户重新编译 MIUI 系统。这一决定带来了令人惊喜的发展。开放的可编译系统就让很多国外的用户也参与进来，他们自主发布了 MIUI 的英语版本、西班牙语版本、葡萄牙语版本……这种开放的态度吸引了众多国外发烧友深度传播 MIUI，而 MIUI 在国外市场的口碑又反过来影响了国内的市场，就好比出口转内销。

2. 口碑传播：超出消费者的心理预期

口碑，简单来讲就是众人口头上的称颂，而成语“有口皆碑”则是人们对某件美好事物的口口相传形成的现象。总之，口碑就是无数好评的累加。以前，没有即时通讯设备，所以通讯极不发达，人们往往都是利用口口相传的方式进行消息的传播。无论何时，一件产品的销量好不好，最主要的还是要看消费者的口碑。比如，消费者对一些中华老字号极为信任，其实这正是他们对其数百年的口碑信任。

口碑传播的最终目的，就是在消费者的心中建立起好感与信任。众所周知，评分高的产品可以吸引更多的消费者，同样，口碑好的产品照样可以吸引更多的消费者。口碑可以说是任何企业成功的基石，如果你想在营销过程中取得好成绩，那么你必须重视口碑传播，通过口碑将你的产品推销出去。

以前，产品的口碑基本上都来源于一些亲朋好友，或者熟人同事这样的圈子，不仅传播速度慢，传播范围还小，同时传播内容还具备很强的主观性，没有良好的验证方式。但是，随着互联网的快速发展，以及社交网络的迅速普及，人们接收和发送信息的效率越来越高。人们可以通过网络了解某款产品的信息，以及不同消费者的意见反馈。通过这种信息，对产品形成一定的了解，然后决定买与不买。如今，人们对产品广告往往持怀疑态度，却对一些网络媒体对某些产品的评价深信不疑。而提供网络评价的，一般都不是熟人圈子里的人，都是一些互不相识的陌生人。但正是因为这种情况，拥有相同价值观的陌生人才能更容易引起相互之间的共鸣。其实，这就是移动互联网时代社交的基本特征之一。

在互联网时代，任何企业的成功都离不开用户的支持。而用户最重视的莫过于参与感和体验感。最能体现用户参与感和体验感的，无疑正是他们的意见反馈，以及口碑。

如今，网络信息已日渐泛滥，传统媒体对信息的垄断也被打破。在消费者心中，电视台上播出的产品广告远不如自身圈子中的口碑传播更能让人产生信任。比如，在微信朋友圈中一位影响力颇高的网友进行的产品评价，往往可以影响到很多人的看法。如果他给予了某件商品一个好评，那么很可能会引来众多网友的附议，这就有很大可能会影响到整个微信朋友圈，引发更多的人对这件商品进行口碑传播。反之，这件产品很可能受到整个微信朋友圈的抵制。这就是人们在互联网中建立起来的新的信用体制。

互联网的信息传播效率要远超其它传播方式，人们通过网络发出的一条信息，如果有需要，可以在几分钟的时间内传遍全球。这无疑可以进行更有效的信息传播。因此，如今很多商家都开始利用互联网进行产品营销，利用网络口碑进行产品信息的传播。而最具传播效果的无疑是互联网用户略带娱乐性质的网络评价，这会激发更多人的评价欲望与转发热情。无论是广告性质的宣传，还是产品信息的实际传播，只要得到了用户的评价，无疑都可以带来更多的访问量与点击量。如此一来，产品的口碑传播无疑会呈现喷式的增长，迅速扩散到更大的范围。

互联网使口碑传播的速度和效率得到了飞速提升，并在不断地催发出一些营销奇迹。口碑传播在产品营销过程中所起到的作用越来越重要。例如，2015 年 3 月热映的美国迪士尼动画电影《超能陆战队》，网络评分非常高，看过的人也在网络上留下了良好的评价，因此其票房成绩一直稳居同类产品冠军宝座，仅仅不到两周的时间内，在中国大陆的票房就冲破了 5 亿，创造了迪士尼动画电影在中国内地的最高票房纪录。《超能陆战队》之所以会取得如此大的成功，除了出色的影片内容

之外，还得益于得力的口碑营销。

其实，某一产品口碑的形成与持续传播，并不只是喜欢的人在做，几乎所有的互联网用户都可以参与其中。通常所说的“口碑好”，其实不只是产品得到了粉丝的喜爱，就连“路人”也有些意动，有种忍不住想要一探究竟的冲动。小米手机的口碑营销做得就十分到位。

2014 年，全国 IT 领袖峰会上，雷军提出了一个具备前瞻性的观点：互联网思维的核心是口碑！而赢得“好口碑”的方法既简单又困难，那就是做出的产品要超出用户的心理预期。

小米手机之所以会取得如此大的成功，就是因为它已经将口碑传播的力量发挥到了极致。小米与用户进行的线上线下交流互动，就是为了发现用户的深层次需求，然后推出超出用户心理预期的产品与服务，从而极大地提升用户对小米的忠诚度，然后这些忠实用户就会主动在互联网上为小米进行口碑传播。

口碑营销，其实就是利用用户的好评来积累品牌的信用度。这无疑是提升品牌影响力最快捷、最有效的方法之一。与传统广告相比，口碑营销拥有无与伦比的优势。

（1）口碑营销不仅影响力大，而且成本低

口碑是消费者对产品或企业的客观评价。企业只有为用户提供优质产品和服务，才能得到用户的良好评价，形成优质口碑。如今，互联网的宣传力量无疑是极其惊人的，同时传播费用几乎可以忽略不计。因此，任何企业都可以利用网络口碑为自己的产品进行宣传，这样不仅可以取得良好效果，还可以节省信息传播成本。

（2）消费者对口碑的信任程度要远高于广告

人们在看电视剧时，广告的播放时间几乎比电视剧还长；玩电脑时，各种广告信息也是接二连三的出现。这就导致很多垃圾信息与用户想要获取的信息混杂在一起，无疑会耗费用户的大量时间。因此，用户对电视广告和网络广告的好感骤降，信任度自然也受到了极大影响。与广告不同，口碑传播基本都是在熟人圈子中展开的，彼此之间的信任程度极高。因此，人们在购买某款商品时，往往会询问自己身边的朋友，以此来了解商品的口碑，据此判断是否值得购买。

（3）口碑传播具有更强的针对性

当某款产品或某种服务获得良好口碑之后，往往都会引起消费者的广泛传播。传统广告一般采用的都是“无差别攻击”，内容千篇一律；而口碑传播则是互联网用户一对一的问答，甚至是熟人之间的闲聊。消费者都有自己的交际圈子，相互之间也有足够的信任。因此，朋友圈中的人推荐的产品，往往是他们使用过的，且认为值得购买的东西。因此，这种口碑传播往往更具针对性，也更值得用户信赖。

（4）口碑传播可以更好地发掘潜在消费者

很多消费者，一般都喜欢在网络上分享自己的消费体验。例如，某款化妆品使用效果如何，价格如何；又如某款家用电器功能如何，使用寿命如何，等等。一些积极的消费者，都会主动在自己的朋友圈中进行推荐。因此，企业就可以通过这种方式间接地发掘出更多潜在的消费者。

总而言之，口碑传播可以帮助企业在最短时间内聚集很高的人气，提高品牌影响力，让产品变得炙手可热。超出消费者心理预期的产品，无疑能让消费者享受到更好的体验，而这就有助于企业形成良好的口碑，从而为产品获得更好的宣传效果。

3. 打破常规：让用户尖叫

小米科技的联合创始人王川有一句话在小米内部广为流传："极致就是把自己逼疯，把别人逼死。"这句话的意思是说，只有把自己逼疯，才能够为用户提供超出预期的产品和服务。极致的产品既是能够撬动用户消费的杠杆，也是强有力的竞争壁垒。

为了制造让"用户尖叫"的产品小米手机真正做了产品的高配低价。小米推出的每一代新产品，一定是当时业界运行速度最快的首发配置，而且价格一定是行业相同配置手机中最低的。比如，小米 1 代手机推出的时候，按照当时的配置，手机的定价应该在 3000–4000 元，而其推向市场的标价却不到 2000 元。小米盒子、小米电视推出的理念无一不是如此。

那么，小米是如何做到这一点的呢？首先是选择最好的供应链厂商，花大力气去整合；其次是在生产阶段做出好的产品。在小米的内部，对产品的规划有三个标准：某个设计，如果有其存在的意义就加正值；如果产品存在与否的意义是无所谓的，就不加不减；如果产生负面效果则要加负值。小米的设计团队非常谨慎，不仅会把"加负值"的设计去掉，还会把"不加不减"的设计也去掉，以求把每个细节调整到最优的方式。小米手机看似没有特色，却还原了产品的本质，即满足着米粉的最大化需求。当一个产品做到极致的时候，还需要担心销售吗？显然，回归产品比死盯销售数据来得更实在。打造让用户尖叫的产品，这个理念已经融入到小米科技的骨髓里。小米的价格让人尖叫，小米的硬件让人尖叫，小米的产品让人尖叫，这是因为粉丝期待二，小米就能做到十。雷军说极致就是要做到别人看不到的东西，而且要做得非常好。每一个企业都应该树立这种责任感，抱着对粉丝负责的态度将产品做到极致。

在发现澳大利亚的黑天鹅之前，17 世纪以前的欧洲人认为天鹅都是白色的。但第一只黑天鹅的出现，瞬间击垮了这个不可动摇的信念。这就是著名的“黑天鹅事件”，代指那些难以预测且不寻常的事件。这些非常事件通常会引起市场的连锁反应，甚至颠覆整个局面。“黑天鹅”的逻辑是：我们不知道的事远比我们知道的事更有意义。而从产品设计的角度来解释这个逻辑就是：用户没有想到的事远比用户能够想到的事更有意义，更能让用户尖叫！

毁三观是一个非常流行的网络词，形容一件事情几乎颠覆自己的人生观、价值观、世界观，常用来泛指那些颠覆大多数人一般看法的人、事或物。三观在这里不仅仅指人生观、世界观和价值观，也可以指物质守恒、能量守恒等多数促成人们对传统事物既定认识的理论。而所有的惯性思维存在的意义，就是要我们有朝一日敢于打破这些思维定势。

毁三观通常会带来颠覆性的效果。360 公司的董事长周鸿祎就是典型的毁三观的“小能手”——当杀毒软件行业内风生水起地采用收费模式的时候，360 却免费了，整个行业因此进行了大洗牌，这个行业的生态系统被完全改变了。这位“小能手”在事业中一直坚持不断地毁三观。可以说，毁三观成为了 360 的生存之道。360 公司因此成为市值百亿美元级别的巨头。而毁三观的核心不仅是打破常规的认识，去挑战人们的猎奇底线，而且是在于不断地进行微创新。

雷军在创立小米时，对自己过去的金山模式有过深入的反思。其中，最重要的反思就是产品思维。他说：“中国很长时间是产品稀缺，粗放经营。做很多，却很累。一周工作 7 天，一天恨不得 12 个小时，结果还是干不好，就认为雇佣的员工不够好，就得搞培训，搞运动，

洗脑。但从来没有考虑把事情做少。互联网时代讲求单点切入，逐点放大。”

当雷军信誓旦旦地说要做互联网手机的时候，其实他并不真正清楚什么是互联网手机。或者说所有人都不清楚什么是互联网手机，因为这是一个新概念，没有人做过，没有模型。于是雷军运用产品思维确定了一个方向——“让用户尖叫”。他找到一个很直接的切入口，即把手机当电脑来做。雷军认为，本质上 Iphone 跟传统的手机最大的差别是，它实际上是电脑。他说：“我们做了 30 年的 PC，PC 最后胜出的招式只有两个——高性能、高性价比。”

在小米，雷军给自己的定位不是 CEO，而是首席产品经理。他不喜欢开管理会议，小米公司现在 2500 多人的规模，雷军在整个公司的管理上却只开每周一次，每次 1 小时的公司级例会，也没有什么季度总结会、半年总结会。他利用 80% 的时间参加各种产品研发会议，每周都定期和 MIUI、米聊、硬件和营销部门的基层同事举行产品讨论会。很多产品细节都是在这样的会议当中由雷军和一线产品经理工程师一起决定的。

雷军曾说：“我可以告诉你一个真理，好的东西不一定有口碑，便宜的东西也不一定有口碑，又好又便宜的东西也不一定有口碑。我去过海底捞，只有一个小地方打动了我，就是他的服务员是真的在笑，是真笑不是假笑。海底捞的服务肯定不会比五星级的酒店服务好，为什么有这么强的口碑呢？这个口碑的真谛是超预期，只有超越预期的东西大家才会形成口碑。”比如，小米盒子，一度引发了市场尖叫，因为在其它产品售价高达 800 元时，它售价只有 299 元。

雷军说：“小米的硬件战略是，一开始的思路我们就是把未来的智能手机当电脑来做：第一，我们的手机可以装不同的操作系统，然后我们的系统能刷在其它手机上，这不是 PC 工业已经很清晰的软硬件分离，所以我们第一件事情是一上来就做了软硬件分离。第二，就电脑硬件制造而言，我们认为够用、适用是远远不够的，性能远远不够用。在别人的高端手机只有 512 兆内存的时候，我们率先一上来就是 1G 内存，在别人 1G 内存的时候我们一上来就是 2G 内存。你要是两年前的 512 兆手机今天用不了，太慢，这就是电脑业游戏规则。”

小米另一个引发过用户尖叫的产品是 MIUI，其负责人洪锋说：“尖叫很重要，但是一年让你尖叫一、两次就够了，长久以来让你会心微笑更主要。说得俗一些，因为 MIUI 产品是和手机一起，没有自己独特的生存压力，我经常跟产品经理打个比喻，就是你做的是一个大奶产品，你的心态更多平和一些，就是让用户用得舒服。你的心态就是博妃子一笑的心态，而不是去炫耀。”现在的 MIUI 已经变成了移动互联网的另一个入口，而这个入口已经为小米公司带来了新的收入。

对于互联网手机，人们直观看到的结果就是小米通过互联网开发操作系统，通过互联网渠道发售产品。而实际上是小米的商业模式发生了变化，小米坚信未来的硬件市场一定是成本定价，硬件绝不是未来盈利的方向，未来盈利的方向是软件和增值服务。小米把互联网手机和智能手机当作两个不同的物种，智能手机的核心还是手机，而互联网手机的核心则是互联网。

对小米模式的模仿者来说，最大的难题不是硬件方面，也不是软件方面，而是小米这种创新的用户参与模式。这种模式打破了常规，产生了摧枯拉朽的力量。事实上，在小米刚开始做手机的时候，HTC 的 G3 给了雷军很大的启发，但是以产品经理思维来看，G3 的缺点是太过工程师思维，产品做得不够细致。这种产品思维是小米在创业之初最大的底气来源。

雷军本人就是小米最大的产品经理。在他的引领下小米的风格就是紧盯产品。如果能够确定某一个需求点是用户痛点的话，就要对症下药，不断地进行微创新。在内部，雷军的产品方法论只有一句话——把用户当朋友，不要当上帝。雷军希望用户在使用小米手机的过程中遇

到任何问题，无论硬件还是软件，无论是技术问题，还是产品本身有缺陷，都可以得到及时的帮助。他要求小米的员工要以解决问题的理念去帮助用户。

比如，雷军总会被朋友问到同一个问题：如何给手机屏幕截屏？其实 MIUI 有针对这一功能的快捷键，只是用户不知道。被问过几次之后，雷军找来 MIUI 当时的产品经理对他说："很多用户需要这个功能，但是我们的快捷键功能很多用户不知道怎么用。有没有更简单的方法让用户不用我们教，也能方便地截屏？"雷军一边和他讨论，一边在白板上画产品设计原型，最终决定在 MIUI 通知栏的下拉菜单开关上加入一键截屏，使这个功能变得非常方便。

比如，雷军在接受记者采访时发现很多记者用智能手机录音的时候，会被电话打断，如果录音时间过长，就容易中断。于是在 MIUI V5 中，雷军自己做了录音机的产品经理，基于接受记者采访的大量经验，设计出 MIUI V5 的录音机产品，很受好评。

再比如，雷军发现了用户对漂亮壁纸的强烈需求，因为在小米论坛和 MIUI 论坛上，有大量用户关于手机壁纸资源的交流贴。于是从小米 1 代手机开始，雷军一有时间就和设计部门员工挑选壁纸。他自己看过上万张壁纸，还发动所有的员工去推荐漂亮的壁纸。最后，甚至出资一百万来征集手机壁纸。

今天的小米依然面临巨大挑战。一方面，一些手机大厂商，像三星、华为、联想，都瞄准了小米赖以发家的高性价比；另一方面，大批互联网手机概念模仿者，扎堆涌现，很有可能冲出一匹黑马。

不过，小米作为互联网手机这一新品类的开创者，最大的敌人不是对手，而是能否持续生产"让用户尖叫"的产品。这对所有擅长以用户体验取胜的公司而言，都是一个魔咒，即便苹果也在劫难逃。

4. 让每一个接触过的人都成为推销员

在很多人看来，小米的每一个用户都是小米的免费推销员，但实际上，这还不是事实的全部，小米正在做的事情是让每一个接触过它的用户都成为自己的推销员。

2010年是智能手机的换机潮，在当时优质元件是稀缺品。小米团队面临的最大问题就是供应链的信任和支持，如果没有供应链的信任和支持根本不能取得粉丝的信任和支持。尽管当时的雷军在互联网领域已经颇具名望，负责小米硬件的还是摩托罗拉的高管周光平，但在消费者眼里，小米的硬件仍然不够硬。直到2010年12月底，小米与高通的谈判初战告捷，才扭转了这一局面。而高通之所以会选择小米，是因为被小米坚持为用户提供高质量手机的信念深深地打动了。为了拿到夏普液晶屏的供给，小米花了大力气来做沟通。据说小米是日本东北地区地震后首个拜访供应商的中国公司，小米的信念和魄力再一次打动了供应商。阻挡小米的第二道关卡是加工线，每一个业内人士都知道，生产链有一个爬坡的过程，生产工人需要熟悉新流程。为了保证自己的良品率，小米进行了反复甄别，最终选定了给苹果组装ipad的英华达加工线，结果10万部小米手机销售一空，都没有什么质量上的大问题。连郭台铭都对错失小米表示遗憾，而那些被小米选择和选择小米的企业，无论是供应链还是加工线，都对小米的经营理念赞不绝口。有很多品牌不敢轻视消费者口碑，却容易忽略自己的合作伙伴和供应商。而小米则是在巧妙地利用合作的各个渠道为自己做免费宣传。

除此之外，小米也没有忽视内部员工的力量，它把每一个员工都当成品牌传播的有力推动者。小米科技拥有和员工一起分享利益的理念，在公司成立没有多久就推行了全员持股、全员投资的计划。雷军给员工这样丰厚的回报一方面是为了安抚员工，让他们能够更加安心、更加努力地工作，另一方面是为了激发员工的宣传热情，保证他们在第一线与用户沟通的时候，能够与用户做朋友。当用户发现问题的时候，能够在第一时间帮助他们解决问题，即使解决不了也要想办法帮助他们解决。因此，小米的员工不但是工作者，也是小米口碑的传播者。

小米深刻地意识到在商品的销售过程中，口碑是“使顾客决定购买还是放弃购买的决策关键”，而作为与用户直接接触的公司员工明显地在口碑传播的过程中起着关键性地作用。事实上，每一个顾客的好口碑都能为企业带来更多的顾客，员工的行为方式，在一定程度上决定着品牌的命运。因此一个企业的口碑营销策略应该是多维的，它需要企业在考虑直接消费者的同时，还要考虑各个岗位的员工，产品渠道，层级供应商，战略合作伙伴。

所以我们想要拉拢客户，不妨首先尝试拉拢每一个能够接触到品牌的人，不管他是企业内部员工、战略合作伙伴还是市场竞争对手，我们要做的是让他们成为传播企业品牌的意见领袖。当我们能够做到这一点的时候，就能像小米一样，实现互联网战略，插上翅膀，成功突围。

第六章

生态链增值：揭秘小米生态链的野心

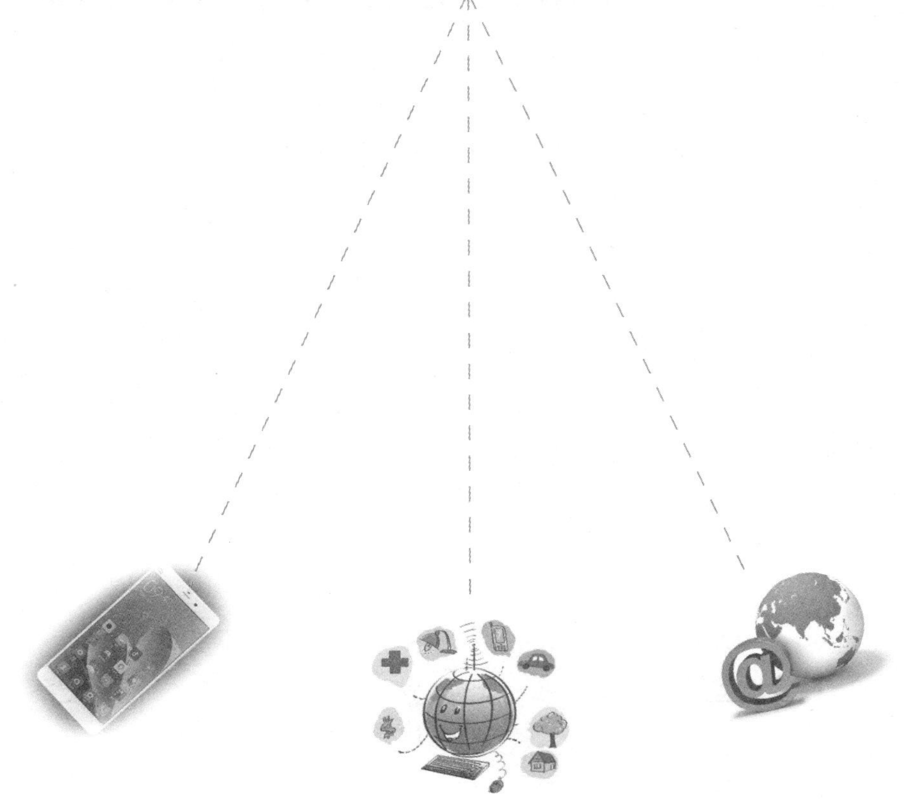

在各大产业不断重组的今天，单打独斗的传统强者随时可能被黑马颠覆，而打造一个生态链才是长久之计。构建生态链可以让各行各业的合作者优势互补，取长补短，共享资源。过去的用户以点的形式存在，现在的用户则以网的形式存在。这就要求企业通过互联网平台将各行各业的优质资源整合成一个完整的商业生态链。

如今的世界已经进入了一个社会化商业时代。世界开始变“平”了，去中心化成为互联网经济的一个趋势。企业如果只盯着自己的细分市场，那么其将失去更多机遇。用户对产品和服务的选择余地越来越大，他们希望企业能以最快的速度全方位地满足自己的要求。为此，企业要对与主业相关的资源进行横向整合，把原有的产品线拓展成一个完整的生态链。这样就能让生态链中的所有合作者共同优化运营，共同挖掘目标用户群的消费潜力。

构建生态链，合作比竞争更重要。加入生态链的企业往往来自不同的领域，聪明人应该避免不必要的竞争，选择共创品牌以打天下。因为，打造生态链，不仅仅是企业与用户两方面的事。如何设计合理的利益分配机制，从而充分调动生态链中各环节参与者的积极性，是构建生态链的重中之重。因此，企业不但要注意为生态链充实内容，与更多内容方进行合作，还应该树立共同的核心价值观，避免生态链因形神皆散而逐渐瓦解。

1. 构建生态链，“互联网+”之王道

小米一直提倡“专注”精神，专注于做好一款产品。但实际上，小米每一次年度发布会，都会推出里程碑式的新产品。例如，2011 年小米推出了号称“最具性价比”的小米 1 手机；2012 年小米 2 则打出了“构建完整体验闭环手机”的宣传语；2013 年小米推出了自主研发的电视。如今，小米高调进军智能家居平台领域，将扩张产业生态链视为头等要务。

雷军在接受记者采访时称：“小米聚焦在三个产品方向，即手机部门做手机、平板；电视部门做电视和盒子；智能家居部门做路由器，其它产品都是合作伙伴做。我们自己只聚焦三类产品，小米还是要踏踏实实，把已有的几个方向做到世界前列。”

由此可见，小米式的“专注”早已不再局限于手机领域。虽然雷军还强调“聚焦”，但这个“聚焦”是指生态链内各个独立方向的聚焦。

在短短五年内，高速增长的小米俨然成为一个具有良好生态链的互联网帝国。就目前而言，小米帝国的生态链分为以下几个部分：

第一，小米集团自营的公司，包括小米科技、小米通讯技术、小米电子产品、小米数码科技、小米支付技术、小米移动软件、小米软件技术、小米电子软件技术等 8 家企业。这些公司主要负责各类小米产品的研发。

第二，与雷军渊源极深的多看（电视盒子）、雷石（手机与 KTV 互动）、迅雷（视频及下载服务）、金山（软件）、凡客诚品（物流服务）、顺为基金（为小米吸引优秀团队及项目）等公司。

第三，由云米、蓝米、紫米、绿米、智米、华米、飞米等组成的米系列公司。例如，云米专注于开发智能互联网小家电；蓝米科技主攻蓝牙耳机等多媒体终端；绿米聚焦于智能家居产品领域；飞米有可能瞄准了无人机市场；华米是小米生态链中唯一研发智能可穿戴的公司（小米手环）；智米负责开发空气净化器。

其四，小米投资收购的团队及公司，如 wifi.io（开发智能 WiFi）、加一联创（制造小米活塞耳机）、云蚁（研制智能网络摄像头）、Yeelink（智能灯泡），等等。

2015 年 4 月 8 日，小米旗下的女神手机与智能体重秤、智能插座等智能产品正式开始售卖。又有消息称，小米可能会投资平衡车公司。

雷军部署的小米生态链是一个开放式的生态链。从智能手机、平板电脑、智能电视开始，向几乎所有家居相关领域延伸，甚至包括相机、血压计、体重计、插座等产品。据业内专家分析，未来的小米帝国将分为三个层次：由小米手机、电视、路由器三大主打产品构成的硬体核心产品线生态链；由 MIUI 及其它移动互联网内容构成的服务生态链；小米计划用 50 亿美元投资 100 家智能硬体企业。

除此之外，小米还雄心勃勃地进行全球化战略。从创建之初，小米合伙人就有 5 个海归高管，而且加入小米生态链中的不少企业也在海外设有分公司。例如，华米科技在美国硅谷有自己的办公室。

由于小米生态链扩张速度极快，我们还很难看清小米帝国是否能顺利整合这些收购的优质资源。但对于硬件创业公司而言，小米的生态链战略，无疑颇具诱惑力。

所有的硬件创业公司都会在建立之初遇到很多困难，特别是缺乏一个强有力的供应链。随着品牌商誉的不断提高，创业公司才能获得更多的融资机会，与国内外有实力的供应商合作，迎来规模化发展。小米虽然发展速度快得惊人，但也遇到过同样的问题。雷军声称为了推动第一

轮融资，曾经将好几部手机打到没电。当小米渡过最初瓶颈期，形成自己的供应链后，面对的压力并没有减轻。

首先，用户需求的增长极快，原先小米是月售1万台手机，如今已经是月售六七百万台手机，这对小米的生产能力提出了更高的要求。

其次，小米不断扩产后，必须确保产品的品质，否则就难以维持用户的好感。故而，小米选择的代工厂与供应商都是全球名列前茅的公司。

最后，小米的互联网营销要求企业管理层能精准预测产品销量，否则难以提高库存周转效率。

为了克服这些矛盾，小米才致力于打造自己的生态链。雷军表示："今天我主要关注小米生态链的建设，投资对我们来说只是工具和手段，更重要的是用资本的力量来帮助小米建立完善的软件、硬件、服务和内容的生态链。总结而言，就是围绕小米生态链投资，只要小米做起来了，生态链就能成。生态链的核心是帮助小米业务成长。"

小米需要借助各领域公司的成熟技术，减少自己向新领域扩张的阻力。而许多创业公司虽有不俗的技术创新能力，但受制于影响力较小等因素，难以融资。构建生态链可以让各行各业的合作者优势互补，取长补短，共享资源。好虎难斗群狼，独木难成森林。对于重视布局的"互联网+"时代而言，单打独斗意味着随时可能被黑马颠覆，打造一个生态链才是长久之计。

因此，生态链已经成为各大互联网企业角逐的焦点。谁能打造出更完善的生态链，谁就有望构建一个覆盖全领域、全纵深的生产服务体系，在未来市场中占据领先位置。百度、阿里巴巴、腾讯三巨头屡屡跨界整合传统行业公司，也是出于这一层考虑。

由此可见，构建生态链是"互联网+"的王道。互联网时代的用户，更信赖影响力更大的品牌产品。赢家通吃可能是未来互联网的写照。因此，那些被纳入小米生态链的合作伙伴，挂靠了这块金字招牌，从而自动获得了小米引以自豪的用户资源——米粉。对于“米粉”而言，小米不仅仅是那个卖手机的“朋友”，而是全套智能家居的提供者。双方将因生态链的不断完善而直接受益。正因为如此，任何有战略远见的企业，都会将构建生态链视为发展壮大的必经之路。

不过，企业在建立生态链时，需要注意几个问题：

第一，看准未来市场的发展方向，只投资那些具备较大发展潜力的公司。这是建立生态链的前提

“互联网 +”是对各种行业资源的整合。假如企业片面追求扩张产业，而忽略合作对象是否足以胜任，那么构建出来的生态链必然存在拖后腿的薄弱环节。这很可能会让本来发展势头良好的企业，被运转失灵的生态链所拖累。为此，企业高层必须时刻关注产业的整体动态与发展趋势，避免在生态链上留下漏洞。

第二，做好自己的主打产品或主营业务，在技术、品牌、数据、用户、增值服务等领域提升本企业的竞争力

你想构建生态链，别人也有同样的想法。最终谁被纳入谁的生态链体系，取决于企业自身综合实力的强弱。小米旗下的“米”字头公司大多是高科技创业公司，被小米纳入生态链后才改名为“× 米”。主动加入强势企业的生态链，也是传统企业实现“互联网 +”的办法。但此法不适用于那些有志树立自家品牌的公司。

第三，构建生态链时，应以自己的核心产品为中心向相关领域延伸，而不宜涉足与自身行业无关的领域

小米生态链是以智能移动互联网终端——小米手机为核心，串联起所有的智能设备。这个生态链通过投资与小米理念相合的多个公司而形成的。不同于阿里巴巴大搞“互联网 + 农业”之类的跨界整合，小米生

态链始终没有超出“智能家居用品”这个范畴。尽管小米分出了若干自营公司，还收购了各种不同领域的公司，但它们的产品均为“小米智能家居”体系的一部分。从这个角度看，小米在扩张生态链时的确遵循着“聚焦”原则。虽然这种管理方式松散，但生态链中所有成员凡事都围绕着同一个中心进行，而不是各自为政、各行其是。这也是小米能持续稳步壮大的重要因素。

总之，企业构建生态链的逻辑是：用 A 产品推动 B 产品，进而推动 C 产品，各种产品在性能上互通，形成了一个互联互推的品牌体系，从而让生态链的所有参与者，能够共享同一品牌带来的综合效益。用小米科技联合创始人、副总裁刘德的话说：“我们要让大家形成这个概念——只要是小米生态链的产品必属精品，你脑子都不用动，抢就好了。”可以说，互联网生态链的意义尽在于此。

2. 社会化商业时代，开放做强生态链

我们今天已经进入了一个社会化商业时代。过去的用户以点的形式存在，互联网的出现让他们以网的形式存在。媒体的社会化加剧了用户群体的社区化。消费者的分布不再以国别和地域为划分依据，世界各地的人都可以成为苹果的拥趸或小米的粉丝。通过互联网平台，用户超越了地理限制，与三观合拍的人共同组成一个个不同类型的社交圈子。同在一个圈子里的用户，往往具有趋同的消费观念。既然用户以网的形式存在，企业自然也应该顺应社会化商业的逻辑，针对“网”来做生意。搭建各种互联网服务平台，将各种优质资源整合成商业生态链，也因此成为“互联网 +”企业发展的重要方向。

社会化商业需要社会化的营销。在互联网时代，营销与社交是同步的。企业与用户不仅仅是交易关系，还应该成为朋友关系。社交即服务，社交即营销，既是做生意，也是做人情。这样才能与用户构成一个集社交、营销、娱乐为一体的朋友圈。

普通人常会把自己感觉好用的东西与朋友分享。这会涉及到许多不同品牌的产品。在增值服务不断推陈出新的今天，企业单靠一两种产品打天下的话，很难满足用户全方位的需求。这不仅会阻碍企业与用户巩固“强关系”社交，也会白白让目标用户的消费潜力流失给竞争对手。

激烈的市场竞争，推动了商业模式的变革。传统的商业模式立足于发扬自身的某种优势去满足用户的某种需求。企业只盯着自己圈定的细分市场，只经营细分市场下的最终用户，而不太关心用户的其它需求。

这个办法在互联网时代已经走不远了。“互联网+”的商业模式则不同，其本质是对生态链的重新设计。

今天的产品极为丰富，特别是在“大众创业，万众创新”成为互联网时代的新风向后，用户对产品和服务的选择余地越来越大。此外，用户的个性化需求不仅开始覆盖整个工作生活，同时还要求企业能快速响应自己的预期。

一言以蔽之，单兵突破的时代已经不再适应今天的互联网经济环境，建立一个生态帝国，才是立足长远的高明战略。

在这个背景下，企业不但要发扬自己的固有优势，还得设法满足目标用户的其它需求。否则，很容易导致用户被其它产品类型更全面的品牌所吸引。为此，企业需要尽最大努力来横向整合资源，把原有的产品线拓展成一个完整的生态链。这样一来，企业就可以用整个生态链的资源来优化自己的运营，并进一步挖掘目标用户群的消费潜力。

互联网带来了信息的开放与共享，世界开始变“平”了，中心渐渐变得模糊。互联网经济几乎不存在中心。如果有的话，那用户就是平的世界的新中心。而企业生态链的一切，大到众多企业的合作项目，小到一个应用程序，都是围绕着用户需求而展开的。也就是说，生态链是用户全部需求与企业资源进行系统集成的产物。

因为，打造生态链，不仅仅是企业与用户两方面的事。企业扩展生态链的方向是供应商与具有合作意向及价值的其它企业。如何设计一个新的产业价值链，以便调动生态链中各环节参与者的积极性，是其中的核心工作。也就是说，在构建生态链时，企业必须认真研究所有参与者的生存方式，找出一个能实现多方共赢的赢利模式。这好比是一个商业生态系统，大家相辅相成，各尽所长，共生共荣。

打造生态链已经成为不少实力派企业的目标。例如，全世界都关注的智能家居生活领域，是由许多行业的产品共同构成的。为了强化自身品牌在智能家居领域的影响力，各大企业纷纷围绕着这块互联网经济的制高点展开大战。在中国，“BATM”四大生态链的较量日益白热化。

所谓“BATM”指的是百度、阿里巴巴、腾讯以及小米。这是目前国内实力最强劲的四大互联网企业。

前三者号称互联网三巨头，都是从IT行业起家的高科技公司，拥有多年积累的雄厚技术优势。而小米除了创始团队有丰富的业界经验外，可以说没有什么市场根基。但在短短数年内，小米已经成长为紧随三巨头之后的第四大互联网强企。为了进一步强化领先优势，“BATM”纷纷围绕智能家居来构建自己的生态链。

对于智能家居这一新兴事物，人们的认识不尽相同。小米生态链副总裁刘德对智能家居的认知是 :“我们会让用户买回家的每一个智能硬件产品，都变成一个自动售卖机。”

刘德分析道 :“比如智能饮水机，当水质不好的时候，就会自动推送一个提示到小米手机或者小米手表，问消费者水质不好了，是否要换一个过滤芯？消费者如果想换，只需点击按钮，付款，过滤芯很快就会快递到家。当然，当智能空调的致冷不够时，它也会自动推送一条‘是否需要更换氟利昂’这样的信息到用户的手机或手表，用户可以选择随时更换。”这就是小米正在全力以赴的事情。

智能家居这块大蛋糕并非任何一家企业可以独吞的。事实上，各大家电企业研究智能电器并不晚，有的甚至已经磨剑十年以上。但这只是在某个“点”上的突破，还没形成足以覆盖日常生活的“面”。因此，光有一批智能家电，还不能算是真正的智能家居生活，必须给用户带来互连互通的全方位体验。

所以，多交朋友少树敌人，将开发不同种类智能产品的家电企业纳入自己的生态链，是“BATM”的共同做法。而那些传统家电企业，也在努力寻求机会与这四家公司合作。

例如，美的集团从2014年就开始涉足智能家电领域。美的智能战略包括“智慧管家系统 +M-Smart 互动社区 +M-BOX 管理中心”几个基

本项目，并针对空气、营养、水健康、能源安防四个领域开发了不同的智慧家居管家系统。美的在 2014 年 3 月与阿里巴巴旗下的阿里云签署了合作协议。双方的主要合作内容是构建基于阿里云的智能物联网。据悉，美的在 2014 年也与小米在部分项目上进行了合作。在不久的将来，美的集团可能也会加入小米的智能硬件生态链。

虽然 BAT 在整合生态链方面比小米行动更早，但 BAT 对生态链的整合比较松散，开放性较高。而小米的生态链相对封闭，却是效率更高的强关系整合。所以，小米生态链的发展速度相对比较快。

小米整合生态链的主要方式是参股。通过参股来构建合作伙伴之间的强关系。生态链中的所有环节，都能通过统一的接口来连通小米智能手机或智能手表，从而化多点突破为全面突破。这样一来，就能避免生态链中某个智能产品抓不住用户的"痛点"，使得用户体验完成全面升级。

受到"BATM"的影响，乐视、联想、华为、京东以及无数中小型创业公司都在设法构建自己的生态链，或者加入到日渐成熟的某个生态链。以急行军速度来抢"生态链蛋糕"，成为它们经营战略中的最大共同点。

想要把生态链做好，离不开互联网的开放精神。小米的同行领军企业，世界第一的互联网公司苹果，也在构建"智能家居"生态链。苹果智能生态链包括了至少全球 17 家不同领域的领军企业，其中包括中国的海尔集团。在生态链中，大家都高度开放，共享技术成果。例如，苹果开放的 Honekit 应用与海尔的 U+ 智慧操作系统具有良好的兼容性。在这个几乎没有秘密的时代，封闭不如开放，垄断不如共享。谁能率先领悟到这点，谁就能在生态链构建之路上快人一步。

如果说苹果生态链的扩张主要依靠整合产品，那么小米的策略则立足于合作研发终端设备与开放系统。雷军声称："小米将持续开放生态链，继续打造成一个可连接一切终端的大型硬件生态系统。"

为此，小米还特意开发了通用智能模块、小米智能家庭 APP、智能硬件通用云服务。通用智能模块以极为低廉的价格提供给生态链中的所有参与者。各方都能用小米智能家庭 APP 接入生态链的设备控制中心，以充分共享小米帝国的资源与数据。据称，传统电子设备安装了智能模块后，可以通过手机 APP 与系统实现对接，获得智能化功能。也就是说，在不久的将来，任何电子产品都有可能升级为智能产品。这种硬件扩张模式最大的优点是能迅速提升生态链的规模。当企业以参股的方式吸收了 100 个不同领域的优质企业时，就能从这 100 个行业中赚取利润。总之，在社会化商业时代，开放做强生态链是“互联网 +”企业发展壮大的重要途径。

3. 生态链思维，合作比控制更重要

在 2013 中国经济年度人物评选活动中，格力电器总裁董明珠与小米总裁雷军双双获奖。两人当场打赌——赌小米 5 年之内销售额能不能超过格力电器，而且赌资升级至 10 亿。此事很快成为媒体热议的话题。然而在一次小米新品发布会中，雷军却表示："小米的生态链策略是合作、开放、不排他，愿意跟所有人合作，包括格力。"

众所周知，小米的生态链是冲着超越 BAT 三巨头而去的。而其它公司的生态链战略，同样也是立足于提升自己的竞争力，扩大市场影响力。总之，落脚点都是竞争。但"合作、开放、不排他"的小米生态链策略，显然与之背道而驰。其实，这是个误解。

你有一个市场，我有一个市场，交换之后，未必都能获得两个市场。所以，同行企业多为竞争关系，而不同行业的企业相安无事。但在互联网时代，跨界整合无处不在。互联网公司频频涉足其它传统行业搞"颠覆式创新"，加剧了各行业间的竞争。但与此同时，这也导致各个行业之间的壁垒迅速解体，联系越来越紧密，合作空间反而有所增加。

再厉害的企业，也不可能十八般武艺样样精通。特别是像小米这样的互联网企业，讲究专注思维，而不提倡分散兵力于其它领域。但为了实现从单品突破到全面突破，又不能不着手打造一条集合百家之长的生态链。

从这个角度来说，对于以打造生态链为根本目标的企业而言，合作其实比竞争更重要。

共创生态链的企业往往来自不同的领域，有互联网公司，有其它类型的高科技企业，还可能包括传统行业企业。它们可能是资历深厚的老牌领军企业，也可能是刚成立不久的上市公司。一言以蔽之，各方的经营领域可能相关但基本不重合。这意味着大家可以聪明地避免不必要的竞争，选择抱团取暖，共享资源，共创品牌，以打天下。

开发智能产品，为用户打造智慧生活，这是小米与美的集团的共同目标。因此，小米旗下的小米科技与美的宣布进行战略合作。美的向小米科技定向增发股票，这意味着小米今后在美的集团中拥有 1.29% 的股份。同时，小米科技还获得了提名一位高层管理者做美的集团董事的权力。美的与小米走到一起，就是为了更快更好地打造全生态链。

随着互联网的不断发展，开发智能化产品与销售渠道多元化已经成为家电行业的大势所趋。智能家电产品以物联网、大数据、云计算等新兴互联网技术为基础，这并非传统家电制造业之所长，却正好是互联网公司的强项。“美米”联合打造生态链，不仅是美的的“互联网 +”行动，也是小米智能家居战略的一个重要环节。通过整合美的旗舰店的物流与服务体系，小米智能家居产品可以实现线上线下一体化发展，为生态链中的其它企业提供更优质的资源与战略渠道。

根据美的集团公布的“1+1+1”智慧家居计划，美的将在今后与其它合作伙伴共同建立“一个智慧管家系统 + 一个 M-Smart 互动社区 + 一个 M-BOX 管理中心”的智能家居体系，从而完成智能家电的互联互通工作，推出更多智能生活结交方案。随着小米的加入，美的将获得更多互联网技术支持，真正从传统制造企业升级为智慧家居创新的领跑者。

在互联网时代以前，各大企业往往以邻为壑，相互之间的产品和技术无法兼容。这意味着用户的选择余地被人为地缩小。这种观念已经随着互联网时代的到来，逐渐被有识之士所抛弃。企业通过开放平台与信息，可以整合更多的跨行业资源。在共享资源、技术、渠道、人才的基

础上进行合作，远比自己单打独斗更加划算。与其各自闭门造车来应对竞争，不如找寻共同目标，联手开发通用产品及服务体系。如此一来，企业就不再是以一己之力勇搏市场激流，而是以一个庞大的生态链来占领多个市场。

从众多企业的实践来看，生态链不是简单业务合作，而是产业价值链的重构，一个多方参与的系统工程。树立生态链思维至少包含了三个方面：

第一，努力为生态链中的所有成员吸引高质量客流

打造生态链意味着各个参与者需要一个通用的系统来共享用户资源。比如，小米在通用系统中做了“小米生活”与“小米黄页”两个应用。前者将生态链中所有同伴的好创意整合起来，一同展示给用户；后者则将各个伙伴都入驻进统一的应用程序中。如此一来，生态链的服务传播体系就达到了高度一体化层次。

例如，当用户拨打加入生态链的餐饮企业电话时，智能手机就可以自动显示该餐厅的菜单，并通过智能应用程序将语音菜单可视化，并且让用户能直接一键完成交易。假如该用户手机欠费被通讯运营商提醒时，智能手机可以在欠费通知短信下方自动生成充值按钮，以此引导用户为生态链中的其它伙伴增加流量。

第二，打造生态链时必须为全体成员提供完善的技术服务平台

生态链思维与互联网平台思维有几分相似。两者都是为合作伙伴提供平台，都遵循着“开放、共享、共赢”的原则。但相对而言，平台思维的资源融合程度没有生态链那么深。例如，阿里巴巴、京东等电子商务巨头，就是平台思维的运用典范。通过给无数加盟商提供技术服务平台，从贸易服务中抽取佣金。生态链不仅仅是发起者向合作者提供贸易平台，而是从研发、生产、推广、营销以及经营战略都协同作业。只有铺设一个强有力的技术服务平台，才能充分调度各方协作，提高资源利用效率。

例如，用户可用小米账号快速登录小米生态链中的各个合作企业，在极短的时间内就能完成浏览、下单、支付等活动。在这个时间碎片化的年代，用户对花一分钟注册新账号都嫌麻烦。统一的技术服务平台使得众多企业能直接共享用户带来的流量，为用户提供更便捷的服务。这无疑达到了共赢的效果。

第三，生态链应当让所有企业的业态运营更加优化

要想实现这点，就必须让生态链中各成员升级自己原有的后台操作系统。假如各企业的后台操作系统不能兼容，就无法实现业态运营最优化。例如，用户需要某项服务，在小米黄页中滑到相关企业进行相关操作，他填写的下单信息不能同步传递到快递合作方的后台系统，就意味着这个生态链还不够完善。

如今的“互联网 +”模式，早已不是互加链接打广告那么简单。对于用户而言，不用切换操作页面就能方便地完成对多个不同企业的下单，才能称得上是移动互联网时代的智能生活。而对于企业而言，用户在生态链的通用平台上能直接与自己的后台系统进行对接，将大大简化业务办理手续，提高运营效率。这种高度兼容的生态链，唯有各个合作企业以开放共享精神改造自己的后台系统，才能落到实处。假如企业只是单方面应用通用平台，而不肯开放自己的后台系统，将影响整个生态链的效率。

在打造生态链时，小米十分重视合作与开放。小米对参股的 100 家硬件企业都开放了自己的品牌与流量。这些公司都将生产与小米产品相关的产品，并共用“小米”这个影响力极大的品牌。小米通过投资的方式来打造生态链，从而覆盖大部分智能硬件领域。

正如雷军所说 ：“我们如今专注于生产智能手机，但最终目标是建

立一个能够推动和维持智能手机业务发展趋势的良好生态系统。”在新产品发布会上，红米 2A、女神版小米 Note，55 吋小米电视、小米智能体重秤、小米插线板、小米移动电源等新品纷纷亮相。这些产品并非全出自小米自营公司，但都属于小米生态链出品。

假如更多的终端接入，小米将获得互联网业内最完整的硬件生态链。通过在智能平台上汇集大量来自终端的数据，小米将形成一个融合数据采集、分析与服务为一体的控制中心。如此一来，小米生态链就会进化为一个庞大的互联网“帝国”。

如果说颠覆传统格局是“互联网 +”最有破坏性的一面，那么构建生态链则是“互联网 +”最具建设性的一面。在这一破一立中，企业的商业模式与整个市场的分布态势都将发生巨变。虽然没有人能预料明天的互联网经济会变成什么样子，但可以肯定的是，这是一个合作比竞争更重要的年代。缺乏开放共享的合作精神，新的生态链也无从谈起。

4. 注重内容合作，树立核心价值观

互联网营销的惊人威力，让人们一度以为“内容为王”的时代结束了。如今是“平台为王”的时代。确实，在注意力资源稀缺且时间高度碎片化的今天，再好的内容如果没有互联网平台的推广，也只能默默无闻。

在互联网动漫圈中曾经发生过一些反面案例。有的网友原创的漫画与插画阅读量极少，但被某些无良营销账号盗图改名后，反而获得了极高的人气，收入相当可观。知识产权不完善的环境，最是伤害原创者。从某种意义上说，这种“劣币驱逐良币”的现象，是由于原创者缺乏平台，无法有效传播；而抄袭者控制了平台，则可以利用粉丝的力量迅速推广。

但是，这种不良现象并不意味着“内容为王”时代结束。也许恰恰相反，偏腿发展的平台思维，终究难以弥补内容上的不足。而构建生态链不仅仅是产品、平台层次的合作，更是内容层次的合作。

目前 BATM 四大互联网公司以及乐视等企业，都初步完成了平台层次的扩张，进入打造内容生态链的阶段。将互联网平台与正版的原创内容相结合，不仅是我国创意文化产业发展的必经之路，也是生态链体系的自我升级。

小米把“互联网 +”发挥到了极致——产品研发、推广、营销均在互联网上进行，并以此为基础，构建起了小米生态链体系。雷军认为：“小米系列产品所取得的销售成就表明，小米所开创的用硬件来架构平

台的互联网模式是可行的，走互联网平台的道路是正确的。”

但是光有互联网平台并不一定能提升企业影响力。平台说白了只是个展示内容的渠道。互联网平台利用什么来吸引和留住用户？当然是利用引人入胜的内容。平台传播力再强，但内容乏善可陈，就好比是看一场高清新直播的差水平足球赛，越看越让人不耐烦。这样一来，用户体验就差了，企业可能被其它内容更好的互联网平台给比下去。

尽管前面提到国内的创意文化市场还存在许多有待提高之处，但从整体上讲，广大群众对原创文化产品及其衍生产品的需求只会越来越强烈。随着各大企业在互联网平台上的差距不断缩小，内容优劣将重新成为核心竞争力。因此，一条完善的生态链，不光要整合平台资源，还得抓住上游的内容资源。

百度、腾讯在打造自己的生态链时，就高度重视控制内容资源，与众多文学网站进行合作，甚至直接挖掘原创作者。

小米的生态链是以智能手机为起点，链接一切智能硬件，看似与内容关系不大。但小米高层敏锐地意识到，只有用更好的内容吸引用户，才能巩固生态链的根基。为了充实互联网平台的内容，小米积极与各个视频网站以及出版社展开了广泛合作，将它们作为智能硬件生态链之外的另一股重要力量。

其实早在数年前，小米就收编了多看阅读团队，让多看阅读来负责打理小米小说等移动互联网阅读产品。多看阅读与其它网络文学公司不同，走的是纸质图书数字化的路线。多看用互联网技术把那些优秀的纸质出版物转移到移动互联网平台上。这样一来，用户就能用小米手机或平板电脑来阅读数字化的正版图书了。迄今为止，与多看阅读开展合作的国内出版社多达300余家。此外，小米还在尝试推行“版权分成机制”，通过增加原创者的劳动报酬来刺激原创文化市场。

多看阅读的每一本图书，都获得了作者的独立授权。这意味着作品在互联网平台上的收入将由公司与作者直接分成。雷军表示：“我们基本上是按照出版社的定价向版权方付费的，出版社和作者拿‘大头’，我们拿‘小头’。”

今天的生活节奏越来越快，人们的阅读习惯也发生很大变化。电子书在很多方面都取代了传统纸质书。相对于静态的图书，动态的视频更容易吸引人们的注意力，从而能让互联网平台增加更多的流量。一方面，视频比图书的表现形式更生动灵活；另一方面，看视频对于精神紧张的上班族来说，比阅读图书（包括数字化图书）更容易放松心情。因此，视频内容成为各大互联网巨头关注的一个重点。甚至可以说，没有视频内容的生态链如同瘸腿走路的铁拐李。

目前国家对视频的版权问题越来越重视，原先互联网平台上的盗版等问题正面临较大的整顿。所以，解决视频内容的版权是建立健康的内容生态链的第一步。

小米才刚开始涉足这一领域，希望与各大内容商进行合作，大家共同打造一个多屏文化生态系统。目前，小米已经和优酷土豆达成了合作协议，它们准备在网络视频领域进行深度合作，包括技术支持与充实内容。小米还从新浪网挖到了前总编辑陈彤这样的高端人才，并让他成立10亿美元规模的内容投资基金，以便把更多内容商纳入小米平台中，以增加对用户的吸引力。

为了打造健康的生态链，小米一方面让广大用户能更方便地看到优质作品，另一方面加强了对版权人的利益保护。例如，小米应用商店将互联网筛选技术与人工审核的方式相结合，设立一个透明的收录、分发、营收体系，从而加强了对原创者的版权保护。

尽管小米起初只是一家卖手机的硬件终端公司，但通过整合互联网平台与内容商，打造出一个日益完善的产业价值链。雷军预测道：“从手机、电视到平板，小米希望能与更多的内容方进行全面合作，进一步改善用户体验，从而实现共赢，更能有效地促进整个内容产业快速发展。”

按照小米的布局，未来市场上大部分智能硬件企业，都可能被纳入小米生态链当中。那些已经加入小米生态链的公司，正在尝试复制小米的成功模式，试图进化为各自领域的龙头企业。但也有不少创业公司抱怨道，他们要么被迫接受小米的投资条件，要么被小米旗下的公司打败。

与此同时，阿里巴巴与手机商魅族合作，试图像小米那样构建一个智能硬件生态链。而腾讯、联想、京东、海尔等公司，也致力于以生态链来对抗小米生态链。谁扩张得更快，谁就是这一轮竞争的焦点。

目前，小米生态链的发展更快。虽然小米的组织结构非常扁平，管理比较随性，以人为中心，但小米正在构建一套完整的理论与标准，来维持整个生态链的统一。

树立核心价值观，是构造商业生态链必不可少的一环。

商业生态链是由多家跨行业公司共同构成的。每个公司都有自己的特有的管理运营模式与企业文化。如果只是单纯的业务合作，无需刻意为对方改变自己的企业文化与奋斗目标。然而，在一个商业生态链中，各个环节的参与者不得不对某些问题达成共识，找出一个共同努力的方向以及协调机制。假如大家理念不合，还是各吹各的调，就无法与合作伙伴形成真正的衔接。如此一来，生态链也不过是名存实亡的花架子。

战术可以自主，但战略必须统一。战略不统一的话，生态链的利益分配就难以协调。利益分配不合理，必将招致生态链的土崩瓦解。因此，商业生态链中的核心价值观通常要包含以下几个方面：

第一，加入生态链的公司的产品市场一定要大。没有潜力的市场只会拖累整个生态链。

第二，各公司的目标市场，必须有“痛点”或“不足”。这样才有打团体战的价值。

第三，所有的产品与牵头企业的既有用户群一致。只有当大家面对的用户群相同时，才具备合作组建生态链的意义。

第四，各公司的创始人要高度认可牵头企业的价值观。商业生态链的核心价值观，通常是以牵头企业的战略为基准。理念不合拍往往是生态链瓦解的主要原因。

许多互联网巨头虽然拥有海量的用户流量，但其用户群未必具有统一的价值观。所以，这些参天大树在面对对手的“森林”（生态链）时，就比较被动。但是，已经组建生态链的企业也不可以大意。且不说生态链中的各方是否能遵循着同样的核心价值观携手共进，而当其中某一环节发展较慢时，是得到整个生态链的襄助，还是被直接淘汰出局，也难以预料。

此外，创业公司加入大公司的生态链是为了更好的发展，但当它们在产品销量上超越其它伙伴的产品时，就可能发展出自己的垂直人群，并进一步形成与牵头企业不同的粉丝群。换句话说，它们已经在垂直领域形成了自己的次级生态圈。到时候，原先的生态链是否还能继续维持，是个未知数。

总之，企业在构建生态链时应当重视内容合作，并且构建全体成员认可的核心价值观。忽略内容合作将使得互联网平台变得空洞化，失去对用户的吸引力。核心价值观不能确立的话，生态链就会处于形聚神散的状态，很容易走向解体。

第七章

跨界融合：

使人们的生活方式出现崭新的形式

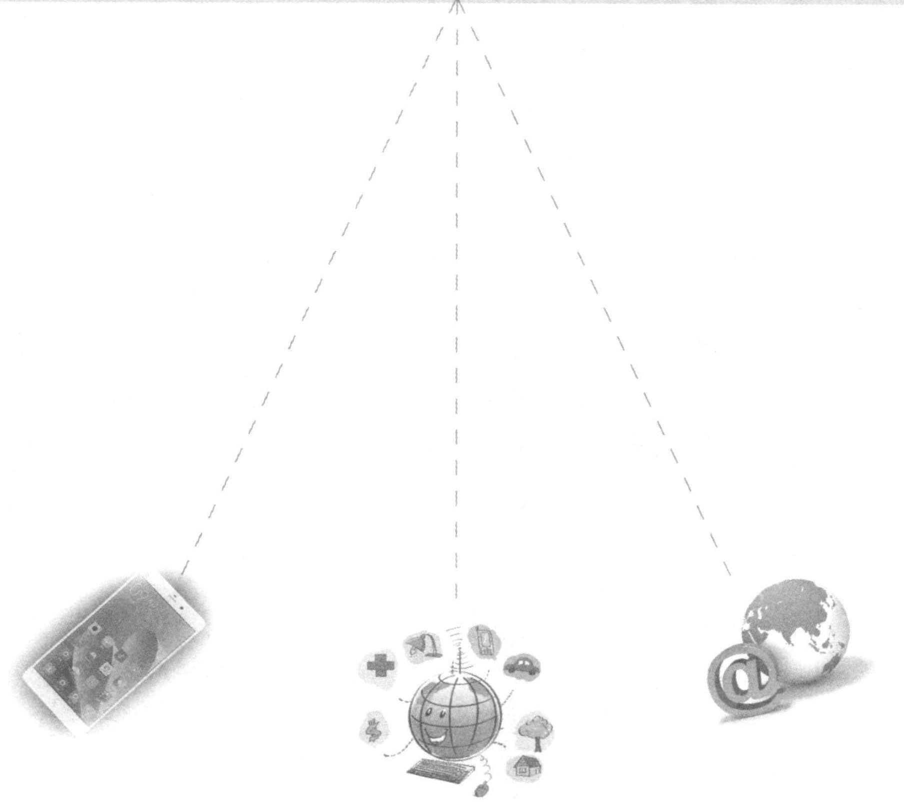

互联网的跨界与融合，根本目的就是利用高效率取代低效率。同时，互联网还利用信息技术解决了信息不对称问题。这就从根本上解决了企业与用户之间的“沟通”问题，使沟通效率得到了有效提升。而这种提升，就是采用减少不必要的中间环节的方式，重新构建商业价值链。

但是，仅仅从重构商业价值链的角度着手还远远不够，互联网企业还应该对传统要素进行再分配，同时对当前的生产关系进行重构，这样才能最大限度地提升企业的运营效率。所以，传统企业要想成功跨界，就应该从商业价值链和生产要素的分配上入手，利用互联网思维，改造和优化己身，以获得更多机遇。互联网企业的跨界同样如此，它们在涉足其它领域时，应该对这个领域的商业价值链进行足够的了解，这样才能在跨界时掌握更多主动权，增加成功跨界的机会。

在如今的移动互联网时代，无论是传统产业，还是互联网产业，都面临着双重竞争：其一是跨界产业与互联网产业和传统产业之间的竞争；其二是传统产业和互联网产业内部的大型企业与中小型企业之间的竞争。只是，互联网信息技术完全打破了因信息不对称而产生的壁垒，使互联网企业和传统产业都站在了同一竞争层面，这无疑是加剧了竞争的激烈程度，同时也加速了企业之间的优胜劣汰。因此，企业要想生存下去，就必须主动进行跨界和自我颠覆。

1. 跨界颠覆，锁住消费者

如今，“跨界”已经逐渐深入到人们的日常生活当中。在移动互联网时代，“万物互联”已经势在必行，因此，跨界必定会成为一种必然趋势和普遍现象。现在，互联网使得很多不同领域学科边界变得极为模糊，很多行业的边界也不再明显，所以说互联网已经成为一种天然的无边界存在。而随着信息技术的快速进步，这样的跨界现象也日益增多。比如，如果让人们对阿里巴巴集团下一个准确的定义，说出它到底是一家什么公司，那么这个定义就很难下，因为如今产业已经变得没有边界了。移动互联网时代，信息量呈现爆炸式增长，同时信息的传播也更加迅速，这无疑极大地消除了信息的不对称性，让任何企业都必须进行跨界的知识储备和人才储备。

其实，跨界就是一场颠覆活动，就是互联网行业对传统行业的颠覆。那么，企业应该怎样利用互联网思维进行颠覆呢？最直接有效的方式就是打破原有的利益分配模式，对原有的商业模式进行颠覆。只有进行这样的颠覆性变革，才能重新定义规划一个新的行业，才有机会实现更好的赢利。

2013 年年底，阿里巴巴的董事长马云在公司内部讨论会上称“天变了”。他在讲话中提到：“过去，我们一直都在提醒别人，提醒别的行业，天变了。但是，如今我们却发现自己头上的天也变了，同时我们脚下的土地也在发生变化。”马云清醒地认识到，“跨界融合”的大时代已经到来，企业必须在这样的环境中进行自我变革，如若不然，必将被时代所淘汰。

无独有偶，2013 年，海尔商业模式创新全球论坛上海尔总裁张瑞敏也说了同样的话："要么进行破坏性创新，要么被别人破坏。"移动互联网浪潮愈演愈烈，在这种情形下，曾经一直"如履薄冰"的张瑞敏变得更加小心谨慎。虽然如此，但他依然以大魄力推动海尔集团在组织和管理上进行自我变革，主动跨界。

在这互联网时代，没有任何一个企业可以坦言自己是一家成功企业，因为成功是相对的，只有符合时代需求的企业，才能长久地生存下去。企业运营者应该进行自我否定、自我批判，勇敢地进行颠覆性创新。只有这样，才能保证企业在移动互联网的激烈碰撞中，爆发出更加强劲的生命力和战斗力。

正是"嗅到"了跨界所带来的商机，2014 年之后，众多互联网企业纷纷进行战略性投资，企图利用这种方式，在移动互联网领域占据更多优势资源。它们认为，在这个全新的时代，只有主动跨界，只有进行自我颠覆，才能锁住消费者，才能保证企业的可观盈利。很多企业都将目光瞄向了"移动智能健康领域"，都想在这里占据一席之地。例如，蒙牛乳业早已经频频"出轨"。有媒体称，蒙牛正在研发一款用来跨界的高科技产品，而且很可能涉及到了移动智能健康领域的相关先进技术。就在外界纷纷猜测蒙牛到底会推出什么新颖产品时，蒙牛正式在新品发布会上宣布：蒙牛与互联网企业华扬联众、中国顶级职业格斗赛事昆仑决以及智能设备生产商时云科技，联合推出了智能健康领域的新产品——M-PLUS 纯牛乳。显然，这是蒙牛为自己的跨界布下的一个局，它企图用高科技产品与自身的奶产品融合起来，实现跨界。具体而言，蒙牛为跨界作出了以下努力：

（1）布局智能健康领域，占据更多份额为跨界做准备

如果要分析蒙牛是如何进行跨界的，那么就不得不分析一下蒙牛

推出的新产品——M-PLUS。根据目前能够查到的资料来看，蒙牛的这款新产品是由高科技智能应用与蒙牛的高品质奶融合而成的。其中，具备数据分析技术所使用的高科技智能应用都是由科技型互联网公司提供的，而高品质牛奶自然由蒙牛乳业提供。蒙牛还为这款产品打出了“运动后补充高质原生态纯牛乳”的口号，这款产品的包装标注上显示，每百毫升乳液就含有 3.6 克蛋白质，这个含量已经远超其它产品，同时蒙牛还以“健身”为产品塑造外在形象。

具体来讲，在互联网技术、健康智能领域以及高品质牛奶三者的关系中，蒙牛为自己进行了十分精准的定位，成功找到了一个合适的切入点。众所周知，高质牛奶的营养价值必然远超普通乳制品，但是怎样通过智能软硬件产品以及智能应用，指导消费者在生活中进行最高效的营养吸收，从而实现高效健身的目的，这也是蒙牛进行这次跨界所关注的首要问题。

蒙牛针对这一问题，及时推出了智能营养补给产品 M-PLUS，十分精准地抓住了消费者在健身以及塑形方面迟迟不得要领的痛点，通过互联网企业提供的智能软硬件，对人体的各项数据进行实时监测，然后再利用高科技软件对消费者进行科学合理的健身和塑形指导，让运动与营养补充形成有效循环，使消费者可以实时探测到运动和营养补给结合起来给身体带来的具体变化，成功达到健身和塑形的目的。其实，这是一个非常强大的产品创举。因此，一旦这一新产品投放市场后，必定会为蒙牛锁住更多消费者，同时还会帮助蒙牛巩固其在高端奶制品市场的地位，让其在乳制品市场占据更多份额，为跨界做出更充分的准备。

（2）与高科技融合，打造“智能牛奶”

蒙牛乳业是一家以牛奶加工为主的传统企业，跟其它传统企业一样，都面临着互联网冲击所带来的风险，这迫使蒙牛不得不进行自我颠覆，主动跨界，让企业进行转型升级。它与互联网企业联合推出的跨界产品 M-PLUS，正是蒙牛与移动互联网的正式接触，同时也是其在高科技领域的一次新的尝试和体验。

众所周知，随着移动互联网时代的到来，传统行业与互联网行业的融合势在必行，传统行业推出的产品已经在互联网上展开销售，同时，传统企业还利用互联网思维对自己的产品进行改造升级，以此来提高用户体验。蒙牛研发的这款产品，基本上就是根据用户需求进行研发的——在用户对塑形以及高营养需求下，蒙牛与智能健康领域的领先企业携手合作，打造出这一款智能健康产品，为用户带来了极致体验。可以说，蒙牛的这次尝试，彻底打破了以往传统的营销模式，以及产品生产模式，为其他传统企业的跨界升级提供了有效的借鉴。

因此，蒙牛所推出的智能健康产品——M-PLUS，完全就是互联网思维下的产物，因为它不再是以传统的宣传手法对消费者进行各种“轰炸”，而是通过互联网媒体的宣传来提高产品知名度，从而吸引众多消费者进行购买。蒙牛以满足消费者需求为目的，根据消费者需求利用高科技打造可以让用户产生极致体验的“智能牛奶”。

（3）与互联网企业联手，实现跨界营销

从营销角度来看，蒙牛与互联网企业联合推出的智能健康新产品——M-PLUS，完全就是一次跨界营销。当下，移动互联网行业发展速度最快的就是移动智能健康领域，它即将迎来一个发展高峰期。不过，在此之前，乳制品行业中的任何产品都没有跟智能软硬件产生过交集。而此次蒙牛的跨界举动，无疑是开创了乳制品与智能健康设备相互结合的新时代。蒙牛将智能技术与高品质奶有效地结合起来，成功打造出可以为消费者提供智能健康引导的新产品，满足了消费者对健身塑形的需求，为他们带来了新体验。

从传统企业的角度来讲，长期以来，蒙牛一直在进行技术创新和自我颠覆，企图利用这种方式实现跨界营销。此前，蒙牛已经与各类知名

体育赛事展开过多次合作，通过这种方式来推动蒙牛不断地实现产品跨界。除此之外，蒙牛还与互联网巨头百度进行跨界合作，并推出了可供用户直接追踪的奶源供应链系统，这无疑为消费者提供了一种可靠的奶源供应方案，让消费者可以利用这种系统对牛奶的生产及供货过程进行实时追踪，这对提升消费者的信任来讲十分重要。所以说，这次蒙牛推出的新产品 M-PLUS，极大地提升了蒙牛在消费者心目中的地位。

总之，蒙牛跨界推出的新产品 M-PLUS，既是传统企业产品升级的伟大尝试，也是蒙牛与互联网企业在智能健康领域携手合作的一次营销试验。这是一场跨界颠覆行动，对传统企业的跨界融合指明了方向，具有极大的开创意义。

未来，移动互联网将逐渐实现“万物互联”，所以，传统行业将被互联网兼并和融合，而传统的产业模式也必然会被重构，互联网行业中的巨头也会联合跨界，在移动互联网市场进行更大范围的兼并与融合。

因此，在移动互联网时代，传统企业必须随时警惕互联网企业的“跨界来袭”，但这样无疑会为传统企业带来更大压力。所以，他们更应该利用互联网思维进行自我变革、自我颠覆，主动跨界，这样才能适应新时代的发展速度，获得生存机会。在“万物互联”的时代背景下，企业必须提高自己的自主创新能力，积极主动地进行跨界，这样才能提升自身的改造力。这就是跨界思维，同时也是一种颠覆思维，如果传统企业敢于自我变革，主动跨界，调整优化自身结构和发展方向，那么它们必然可以迎来更大的机遇，在移动互联网时代获得长久的生存能力。

2. 跨界：掀起移动互联网发展新趋势

正所谓，“没有永远的朋友，只有永远的利益”。在移动互联网时代，互联网企业之间看似“和谐”的现象产生了剧变，彼此之间的利益冲突日益加剧。比如，移动支付、移动视频等等，而由互联网巨头企业主导的跨界活动也轮番上演。

BAT 互联网巨头位于行业的最顶端，同时也是跨界的顶端存在，它们如同猛虎下山般展开了大肆并购和投资，而那些中小型企业基本没有机会进入互联网最赚钱的领域，因为互联网的主要信息出口，几乎全部都掌握在 BAT 手中。

移动互联网时代，BAT 大肆收购、投资一些领域排名靠前的互联网企业，而这些企业则借助手头的资金，展开了自己的跨界行动，将它们的产业链逐渐做大做全，努力提升自身的核心竞争力，此时的互联网与以前的互联网完全相反，以前的互联网企业基本上都是独立存在的，那时的企业都在为如何立足于某一领域而努力，怎样在竞争中获胜，怎样成为主流网站。

但是，如今有实力的互联网公司关注的都不再是这些，而是如何跨界，如何在其他领域分一杯羹。

现在，我们看到的不只是 BAT 等互联网巨头在跨界，一些垂直领域的顶尖互联网企业也展开了跨界之旅。它们不再担心与其他企业之间的竞争，已经开始主动跨界。

互联网公司已经逐渐喜欢上了跨界，并且难以自拔。这种跨界行动

的展开，犹如在平静的互联网世界投入一块石头，激起了千层浪。各种利益冲突，使得原本和睦相处的互联网公司开始大打出手。比如，正处于高速发展中的乐视网，也开始了主动跨界。

2015 年 4 月 14 日，乐视网在北京举办了主题为“打破边界、生态化”的手机发布会。乐视网开始借助乐视超级手机展开自己的跨界征程。

乐视网董事长贾跃亭认为 :“苹果距离用户越来越远，不能再代表用户的利益走下去，其做法越来越蛮横，主要表现在高定价和强内置应用等方面，苹果公司推行的封闭式流程在行业创新过程中产生了极大阻碍。”

贾跃亭还对安卓系统进行了评价，他认为，现有的安卓手机无论是功能还是质量都存在一定的问题，他们所添加的应用服务都是经过一定妥协之后产生的结果，这一切必须要有一个企业去进行颠覆，而乐视手机的出现正逢时。

乐视网十分重视打破现有边界，乐视超级手机最大的不同点就是它是一款跨界产品，起到了颠覆和跨界的作用。

如同乐视网公司设想的那样，乐视超级手机一经上市，便立即得到了众多互联网用户的关注，其所推出的“免费手机、内容手机、生态化”等活动无不挑动着每一位用户的神经，引起他们的热议。

移动互联网时代，已经不仅仅是卖硬件的时代了。很多企业都在以“情怀”“发烧”等手段进行产品营销时，乐视超级手机已经展开了最务实的做法，它利用“内容 + 硬件 + 会员”的方法，与众多手机生产商进行了本质区别。仅此一点，就为众多后来者，尤其是中小型企业树立了一个比较高的门槛。

或许有人会认为，内容手机仅是乐视网用来宣传的一个噱头，因为国内付费用户数量非常少，所以很多人认为这种方法不可行。但是，从长远来看，“内容 + 硬件”或许才是未来的主流。

因此，乐视超级手机的跨界为互联网行业带来了十分深刻的影响。

而乐视超级手机的上市，首先冲击的便是手机行业。比如，小米手机。乐视网董事长贾跃亭就总是拿乐视超级手机跟小米手机进行对比。乐视超级手机的硬件质量与小米手机不相上下，但它还拥有小米手机暂不具备的内容资源，同时还可以免费购机，从这几点来看，无疑乐视手机更占优势。

如今，乐视超级手机不仅对手机行业有着深刻影响，还对影视行业产生了强有力的冲击。比如，视频网站、文学网站、游戏网站，等等。在未来，“内容手机”将会越来越多，而手机生产商都会逐渐采取内容付费、硬件免费的方法来吸引用户。

这就是乐视网所做的跨界尝试，它想通过与众不同的“内容手机”，介入手机市场，实现完美跨界。很多企业都在积极准备，介入不同领域，拓展企业自身的业务范围。

由此看来，跨界，已经迎来最激烈的变革时期。

雷军认为，小米的最终目标，就是实现跨界与连接，将手机与现实世界中的方方面面连接起来，同时这也是移动互联网时代信息技术赋予每个互联网公司的梦想。

小米公司为跨界做出了诸多努力，并进行了一横一纵的产品布局。

小米公司通过小米 note，准备打进高端、中高端市场，而其最终目标就是占领中高低整个智能手机市场。

中国智能手机市场已历经七年发展，逐渐成为手机市场的主流市场。据中国信息部调查数据显示：2014 年，中国智能手机总销售量达到了 3.9 亿部，同比下降了 8.2%，市场占有率为 86%；安卓系统的智能手机的销售量为 3.5 亿部，同比下降 12.4%，占整个智能手机销售量的 89%。

虽然数据显示智能手机的销售量在下降，但这种变量并不是智能手机在整个手机市场中所占比例的实际变化，而是因为智能手机的不同定位而产生的此消彼长。根据瑞士银行预测，2014 年最后一个季度，苹

果公司总共销售出 6930 万部 iPhone 设备。其中，中国市场的销量占据的比重最大，为 35%，远超美国。此次是中国首次成为 iPhone 产品的最大消费市场。

智能手机市场的销售量已经接近饱和，如果想要打开新局面，就必须进军高端市场，这是目前国内手机市场的主要趋势。雷军一直在强调“顺势而为”，小米手机所推出的策略恰好顺应了智能手机行业的发展形势：小米起初是在中端手机市场发家的；随后又在低端手机市场爆发，推出高性价比手机，引来众屌丝的关注；最后，小米又顺应时势，打入高端市场。如今，小米手机在市场上形成的格局已经日趋稳定。

雷军在对小米进行布局时十分重视节奏感，一直坚持顺势而为，利用市场和环境的变化进行布局，而正是凭借这种节奏感，他才为小米布下了一片坦途大道。

此外，在横向拓展方面，小米也进行了精心布局。小米将产品拓展分为三层：一层是核心硬件，就是小米手机、耳机、手环、电视、盒子，等等；二层是硬件产业链，包括小米电源、摄像头、智能血压仪，等等；三层是小米电商开放平台，这里不仅可以销售小米品牌的产品，还可以销售其它品牌产品。

日本软银集团创始人孙正义认为，将来人们身上所携带的智能硬件很可能会超过 1000 个，其中包括衣服上的纽扣这种不起眼的小东西。而小米，则用圈层设计，顺势而为地解决了繁多的品类问题。在雷军看来，如果采用封闭式介入，那么不仅投入大，风险也大，最主要的事收益还低；而采用圈层式介入，就可以风险均摊，利益共享。显然，这种方式企业所承担的风险要低很多，而且所得收益却会高出很多。只要形成商业生态圈，收益自然也会水涨船高。

但是，这种模式为什么必须利用手机作为横轴呢？因为在未来的智能时代，最重要的就是手机，用户只需通过手机就可以连接一切。之所以会做出这种判断，是因为手机会被人们随时携带着，已经成为人们生活中必不可少的一部分。正是出于这种考虑，雷军才将智能手机看作是“四肢的延伸”。

在小米 note 发布之后，雷军还一直在完善“一横一纵”的产品布局，只不过还远远没有完成，在以后必然还会进入更多硬件领域。

由此可以看出，小米一直都在积极跨界，积极地连接世界。

2015 年 1 月，小米官方网站发布两个重磅消息：第一，小米手机在 2014 年总共销售 6112 万台；第二，小米公司开展新一轮融资，小米公司的市值达到了 450 亿美元。这两个消息无疑引起了互联网行业的大地震，但也同时引起了业界的思考——小米是否已经达到了增长边界？

2015 年 1 月 15 日，小米推出了两款新产品：通用智能模块和智能家庭 APP。具体来讲，通用智能模块可以帮助所有硬件实现联网功能，而智能家庭 APP 则为所有家庭设备提供统一的连接口，这就使这些设备可以共享小米生态。

那么，到底应该如何做才能实现小米生态共享呢？小米公司已经成为丰富的互联网应用服务商，只要接入小米的智能应用，家庭的硬件设备就可以成为服务入口，对小米所提供的各种互联网应用进行访问与使用。

小米利用其研发的各种智能应用，与生活中的一切硬件实现了有效连接。随后，小米又与美的集团展开了多方位合作，从智能应用到硬件生产，都进行了一定程度的融合。未来，美的硬件产品或许会直接植入小米的智能模块和家庭 APP，以此来展开深度合作。

小米科技坚持的对外策略就是开放，除了向美的这种业务有蝉联的企业提供相关应用外，还会向其它有需要的企业提供，而且可以做到一视同仁，不搞独家战略。比如，小米的通用智能模块制作成本基本上是每个 22 元，而小米授权给厂家的价格却只有 20 元，未来或许还会更低。

这种策略是根据小米运营模式决定的，其它硬件厂商采用的基本上

都是产品思维，因此它们赢利凭借的往往都是硬件。而小米公司坚持的是用户思维，所以想要获得更多赢利，就需要获得更多用户。怎样才能获得更多用户呢？小米便采用了将所有智能设备有效连接起来，然后通过硬件设备为用户提供服务，这样就能获得更多用户。

小米所走的就是跨界与连接的道路，而也只有坚持走这条路，小米才可以走得更远。

3. 跨界：打破边界，突破思维束缚

随着互联网信息技术的发展与进步，传统产业因受到内外部环境变化的影响，当前的发展方式已经跟不上时代的潮流，难以继续为传统产业的持续发展提供有效帮助。可以说，传统产业的发展已经走到了分叉口。如今，随着互联网、大数据等技术逐渐在传统市场发展中扮演重要角色，其发挥的作用也越来越重要。互联网信息消费或许将成为拉动经济需求的新增长点，互联网信息技术在颠覆传统产业，加强企业运营管理方面将会发挥越来越重要的作用，同时也为传统产业的升级转型提供重要动力。

移动互联网时代，无论是互联网企业还是传统企业都要积极地去打破边界，突破思维束缚，这样才能加快产业之间的融合速度。如今，智能硬件和智能应用等数字产品得到了高速发展，新技术产品之间形成了良好互动，为扩大互联网市场用户的需求提供了十分重要的帮助，同时也加快了传统产业的转型升级速度和互联网产业的跨界融合速度。

目前，用户无论是在思维方面还是在需求方面，都产生了很大改变。一些新颖的商业模式和营销模式逐渐成为新的发展主流（比如 C2B 等）。在这种情形下，无论是互联网企业还是传统企业都必须打破原有边界，主动跨界，用新的经营思维增强企业的运营效率。传统企业应该学会借助大数据的力量，进行自我颠覆，加快传统产业的融合速度，这样才能在各个领域实现高速跨界。

当下，互联网 BAT 巨头已经开始了主动跨界，挑选各个垂直领域

的顶级互联网企业进行战略投资，从而实现快速跨界。它们之所以可以实现快速跨界，主要体现在：一是互联网跨界公司打破了原有边界，利用新技术打造新产品，而这些产品一般具备高性价比等特点。比如，网上的商品价格一般都要低于实体店，网上服务往往效率更高。二是跨界企业应该重视对数据资源的掌握，因为数据资源有助于企业将流量进行合理变现，这样就可以保证跨界企业在与传统行业进行对抗时可以占据更多价格优势。

一些互联网巨头在打破现有边界时，采用最多的一招，就是自我颠覆，自我变革，主动跨界。通过“自己打自己”，“左右手互博”实现颠覆和跨界。华为、腾讯、百度等互联网巨头，都已经开始“内战”，它们企图通过这种方式进行自上而下、由内而外的变革。而那些由跨界形成的新业务，有很大的可能会对现有业务形成冲击，甚至淘汰掉现有业务。

事实上，目前在通信市场上如日中天的微信就是这种形势下的产物。微信并不是腾讯嫡系研发团队的研发成果。腾讯负责移动产品研发的人员不可谓不多，但一直没有抓住移动互联网领域中的有利时机。但是，腾讯内部孵化出的广州电子邮箱研发团队，却爆发出了巨大的冲击力。事后，马化腾说：“微信这款产品的成功上市，使腾讯获得了前所未有的成功。但是，如果这款产品不是被腾讯研发出来的，而是由其它互联网公司推出的，那么腾讯将完全失去招架之力。现在回想起来，其实真正的关键时刻，也就一两个月而已，那时，公司的几名核心高管一直在讨论合适的方案，对产品进行试错，然后再进行调整。”

而微信刚准备上市时，腾讯的手机 QQ 部门一致反对，因为那时已经有一个团队在做类似的产品，这就表明有两个团队在进行这方面的研发工作。这时，腾讯内部可以产生作用的无疑就是试错环节。腾讯的手机 QQ 研发团队在即时通讯软件应用方面拥有十分丰富的经验，他们认为针对微信的开发没必要那么赶；但广州 QQ 邮箱研发团队却认为微信是一次重要机会，抓住了可以为腾讯带来巨变。在这种不明未来的情况下，部门之间是可以存在一定的竞争和探索的，这有助于企业内部试错环节的开展。

张小龙是主管 QQ 邮箱研发项目的，他所带领的研发团队接受过各种研发磨练，拥有很高的技术水平。微信研发之初，他从 QQ 邮箱研发团队抽出几位技术人员，加入到紧锣密鼓的研发工作中。他们从智能终端方面入手，考虑用户体验，不断地对微信进行试错和调整。之后，智能手机的迭代速度越来越快，大大的出乎人们意料，在这种形势下，几个全球知名 IM 服务商因跟不上时代的步伐而掉队了。比如，美国微软的 MSN 等等，都在这个智能手机爆发的时代被浪潮淹没了。

因此，当颠覆性业务还处于潜伏期时，我们应该利用内部孵化模式，在适当的时机成立专门的产品研发机构，并建立相应的服务机制，使这些部门不会因为考核因素而出现工作浮动。其实，这种组织结构的建立，将相当于在企业内部建立了一个 PK 机制，让不同部门之间进行赛跑，而跑得最快的，理应成为赢家。同时，企业也应该放松对新业务的束缚，这样才能促进其呈现出爆炸式发展。无论任何企业，一般都会将企业内部具有颠覆性的业务独立出来，交由企业的精英人员来负责项目的运作。

针对这种情况，马化腾曾表示："如果企业出现新业务时，并且这个新业务跟旧业务存在很大差异时，企业应该给新业务一个单独成长的环境，将其独立出来，任其自由发展。"

如今，到了移动互联网时代，传统产业和新兴产业之间的边界已经变得越来越模糊了，互联网 BAT 巨头都在积极地扩展自己的业务范围，并试图构建以自己为核心的经济生态圈，以此来占据更多优势资源和市场份额。由此可见，未来的商业竞争将不再是单纯的产品竞争或企业竞争，将逐步演变为生态体系之间的竞争，而且竞争模式也将变得越来越复杂。由于互联网巨头的业务覆盖范围非常广，所以巨头之间既有竞争

又有合作。

随着市场竞争日益加剧，各个垂直领域的顶尖互联网公司都开始主动跨界，进入其它行业，并逐步在这些行业中建立起自己的班底，产生一定影响力，同时也对该行业的原有企业产生巨大冲击。

例如，自从汽车出现以来，就一直在取得飞速发展，并给社会和人们的生活带来了巨大影响。汽车改变了全世界的交通状况，改变了社会面貌，其中对人生活的改变最为明显。汽车的出现，改变了城市的形态，逐渐成为现代文明的重要标志，让人们的生活品质得到了显著提升。而如今很多互联网公司正是看出了这一点，才纷纷跨界进入汽车行业，搞高科技汽车研发，企图在智能汽车市场中分一杯羹。

目前，大部分汽车企业所采用的都是“规模化生产、精细化管理、高可靠运行”的生产和管理方法。在汽车进入人类生活之后，它一直是以孤立的形式存在着，直到移动互联网时代的到来，才逐渐使这种状况得到了改变。如今，随着智能技术的高速发展，汽车行业又迎来了一个新的发展机遇期，智能汽车已经形成了一个非常大的发展空间。很多企业都纷纷将目光投向了这一领域，企图通过新能源汽车，重新划分市场份额。最近，互联网巨头百度已经展开了无人驾驶汽车研发项目，企图实现汽车的智能驾驶。

针对这种情况，一些相关领域的专家学者给出了忠告，在移动互联网时代，需要普及的是智能移动工具，而不是汽车，如今已经不是汽车时代了。但汽车行业认为恰好相反，在他们看来，汽车的发展永远不会结束，它同样迎来了新的发展机遇期，只不过需要进行转型而已。如今，具备颠覆性的技术已经越来越多，汽车行业也应该引入这种技术，对当下的汽车行业进行彻底颠覆，改变人们对汽车的认知，增加汽车的使用功能，让汽车在时代的发展中发挥出越来越重要的作用。这就导致汽车行业的竞争空前加剧，而最激烈的竞争，还是跨界而来的企业带来的竞争，因为动摇传统汽车行业根本的是互联网企业跨界而来所携带的颠覆性技术。这不是互联网企业之间的竞争，不是传统企业之间的竞争，同样也不是互联网企业与传统企业之间的竞争，而是跨领域的竞争。

无论任何时候，科学技术都具有时代性、无国界性，而技术创新基本都具备自主性和原创性，任何国家和技术研究中心都不例外。只有拥有自主知识产权的技术创新才能让我们在激烈的市场竞争中占据有利地位，逐渐成为市场规则的制定者。这就需要技术创新，而以最快速度实现创新的无疑是跨界创新。因此，随着高科技的快速发展，各个领域的跨界已经是屡见不鲜了。汽车行业的发展，是由多项技术集合起来获得的发展，所以，跨界创新已成为汽车行业发展的必备要素之一。

只不过，跨界从来都不是一蹴而就的，需要经过多方努力。最重要的是，进行跨界的企业必须进行介入领域的技术储备，这样才能占据技术优势，在跨界过程中攻克难关。

但是，任何行业的发展重点都在自身的基础上，没有任何例外。因此，无论互联网企业，还是传统企业，在进行跨界时，必然要面对远超同行业的激烈竞争，而要想成功跨界，就必须尽力打破原有边界，突破思想束缚，用创新性思维进行产品研发，同时还要注意介入领域的发展基础，从其价值链方面入手，这样才能事半功倍，提高跨界的成功几率。

互联网是一种没有边界的存在，而跨界则要求我们要超越局限，打破边界，突破原有的思维模式，找到可供创新的点，对介入的领域进行彻底颠覆，打破现有格局，这样才能实现真正的跨界，并在跨界竞争中获得胜利。

4. “互联网+”助推产业跨界融合

自李克强总理提出“互联网+”概念以来，在不到两个月的时间里，迅速席卷全国，成为一项声势浩大的活动。这是一场源自互联网的革命，主要是计划利用互联网的自身优势对所有的传统产业进行相应的改造升级，然后以此为跳板，引领全国经济的全面转型和升级。但是，要想彻底贯彻“互联网+”计划，还需要一定的时间，因为一些企业的技术储备还不充分，必须进行相应的准备，才能在“互联网+”行动中发挥作用。目前，除了“互联网+”，很多行业，尤其是互联网BAT巨头，都开始了各种跨界和融合。

实际上，国内行业间的跨界和融合很早的时候就出现了，比如，服务业和制造业、虚拟金融和实业投资，还有互联网垂直领域的一些顶尖的互联网公司所进行的各种产业跨界等。但是，以前的跨界融合过程中，无论是企业的速度，还是深度，亦或是涉及的范围，都远没有如今的这般广泛与迅猛。比如，小米与美的之间的跨界融合，这只不过是众多领域跨界融合案例中的冰山一角。

当今，移动互联网万物互联的趋势愈演愈烈。依靠信息流、资金流以及物流在全世界范围内形成的畅通无阻的流动，全球经济才得以在全世界范围内对商业要素进行优化配置，这就引得一些具备优势资源的国家和地区积极参与到产业链的再分工过程中。

对于全球市场而言，目前最主要的发展趋势就是融合；对于企业而言，最主要的发展趋势就是从资源、市场营销、运营管理、文化等方面实现全面跨界。这种跨界为企业的发展带来了更为有利的发展环境，让企业的转型升级速度变得越来越快。

但企业的转型升级过程，必须在可持续发展的前提下进行，要不然毫无意义。经济的可持续发展，在很大程度上将受到产业转型升级的影响，而产业的转型升级在很大程度上会受到企业创新的影响。生产研发技术的颠覆性创新以及各科目之间的相互渗透，为企业的发展提供了不竭动力，而最重要的是使企业跨界成为可能。

例如，微软公司已经将工作重心转移到了设备研发和用户服务方面，小米开始联手家电企业打造智能家居，百度开始介入智能汽车领域，乐视开始出售自行研发的超级手机，奇虎 360 开始将目光投向智能手机领域，马云注巨资创办“菜鸟网络”，企图搭建中国的智能物流网络平台，等等。这些行为看起来没有任何章法，却在整个互联网行业引起了大地震，逐渐形成一种新模式——跨界。

从“互联网 +”概念的角度来讲，随着社会的发展与进步，尤其是在移动互联网日新月异的信息技术等方面的推动下，无论是互联网市场，还是传统市场，都经历了质的突破。在突破过程中，“互联网 +”概念对社会经济的转型升级产生了深远影响。

移动互联网时代，技术变革主要是以智能生产制造为主导，驱动经济快速进步，使社会智能生产领域的发展速度一提再提，这种技术变革不仅再次加快了产业的细分化，还催动了智能生产行业的逐步成熟。

同时，互联网信息技术的突破，还促进了产业之间的大融合。比如，互联网与传统商业之间的融合、信息世界与现实世界的融合等。这其实就是新产业与旧产业之间的相互融合与跨界。从某种意义上来讲，正是日益增多的企业跨界现象，才加快了产业的融合速度。

在“互联网 +”概念的引导下，互联网正与人们生活的方方面面讯速结合起来，同时也使互联网信息技术可以在所有领域实现无阻碍扩散，这恰好为产业的融合与跨界提供了有利条件。而“互联网 +”助推

产业融合与跨界主要体现在：

（1）利用互联网信息技术助推产业跨界融合

互联网信息技术的快速发展，逐渐形成了以互联网为基础的产业跨界融合新模式。近年来，互联网思维被各个行业广泛运用，使其得到了大范围普及，甚至形成了一种无互联网思维，无存在感的趋势。

而从根本上来讲，企业所进行的跨界融合，其实就是信息、资金以及物流的集合。跨界的企业主要是通过互联网信息技术对信息进行有效控制，从而致使资源和物流出现相应变化。当下，互联网企业对传统企业的颠覆愈演愈烈，正在快速发展成为推动社会经济发展的重要力量。所以，传统企业如果不想被颠覆，那么就应该利用“互联网 +”思维进行自我变革，自我颠覆，加快企业自身的转型与升级。所以，互联网就成了传统产业与新兴产业之间连接融合的桥梁，同时也是产业跨界与融合的重要保障。

（2）技术的不断升级与变革引领不同领域之间的融合

制造、能源动力、电子、互联网等方面都在技术上产生了不断突破与创新，同时也引领着不同产业之间的跨界与融合。

比如，如果根据传统产业要素划分，我们可以将制造业分为电子、动力、机械等几个生产领域。目前，这些生产领域的技术都产生了革命性的变革。电子领域发生了以互联网信息技术为依托的一系列技术革命，动力领域产生了以新能源和动力装备为依托的变革，制造领域则形成了以 3D 打印技术和智能制造技术为核心的制造新模式，等等。随着各项技术的不断突破与创新，以及几大技术领域的跨界与融合，让整个传统行业都进入了产业变革之中。所以，无论是旧的生产模式还是商业模式，亦或是营销模式，都已经跟当下的发展现状格格不入，亟须选寻找一种新的发展方式。这种迫切需求主要体现在三个发展速度最快的高科技领域：3D 打印、机器人以及新能源汽车。

比如，3D 打印领域，它不仅仅是在技术层面做出了突破与创新，同时也在理念层面做出了突破与创新。3D 打印技术在一些复杂物品的制造方面起到了十分重要的作用。另外，这项技术还可以用于个性化生产，在文化创意、工艺品制作、生物制药等方面也拥有着巨大的应用潜力。此外，3D 打印技术也正在与人们的日常生活逐渐融合在一起。比如，蛋糕房可以通过 3D 打印技术制作出客人定制的蛋糕等食品，而通过 3D 打印技术还能打印 3D 头像，甚至是打印空调、电冰箱，等等。

另外，智能机器人在互联网时代也发挥出了难以想象的作用。制造技术的不断突破与创新，使机器人的生产成本逐渐降低，而性能却逐渐提升，这就导致越来越多的人选择机器人服务。“机器人服务”会变得越来越流行，并会逐渐发展成为全球经济新的增长点，而机器人服务的逐步完善意味着智能制造技术在突飞猛进的进步。这种技术必然会为全球制造业带来新变化。

而新能源汽车的出现，则为不同领域之间的跨界与融合带来更多新的可能，因为能源汽车本就是新兴产业。从产业要素以及技术应用的角度而言，通过智能制造技术打造出来的新能源汽车，无疑将目前世界上最先进的制造成果集于一身，这完全就是高科技跨界融合的创新应用，同时也是最具典型的产业跨界与融合的代表。

（3）“互联网 +”概念下引出的新需求推动产业跨界融合

目前，随着“互联网 +”概念对社会市场的影响逐步扩大，无论是互联网市场，还是传统市场都出现了新的需求，也正是这些新的需求推动了产业跨界和融合，并加快了跨界融合的速度。

其实，随着社会经济的不断发展与进步，新的市场需求迟早要被企业挖掘出来。不过，这些市场需求还需要经过产业的有效整合，才能发挥作用，以满足市场和消费者的需求。

随着新兴科技的不断发展与进步，各个领域越来越难以满足市场需求，这就需要各领域之间进行有效连接，逐渐融合起来以满足日渐增长的市场需求。而产业间的跨界融合必然会满足更多市场需求，这种跨界与融合相辅相成，共同发展。所以，各个领域都应该进行深入研究，消除各领域之间虚假的“跨界融合”信息，促使行业之间的跨界融合得以真正实现。

此外，产业跨界和融合还应该从理论、技术、产业模式，甚至是企业的商业模式以及营销模式等方面进行研究，然后才能对产业跨界与融合形成细致了解，这样才可以准确抓住随时出现的市场新需求，并为满足这种需求提出科学的解决方案。实际上，产业的跨界与融合已经得到了社会和经济发展的认可，它可以满足市场变化所产生的新需求。而最主要的是，也只有这样，才可以在新产业和新概念的挖掘上，发挥产业跨界融合的作用，同时，这种新需求的满足对产业跨界和融合也有着十分重要的意义。

在移动互联网时代，在“互联网 +”概念的引导下，产业的跨界与融合势在必行，因此，无论是互联网企业，还是传统企业，都必须牢牢地抓住这次机会，合理利用“互联网 +”思维，进行跨界融合，扩充企业的业务范围，提高企业自身的抗风险能力。

第八章

雷军的野心：小米野蛮生长的内幕

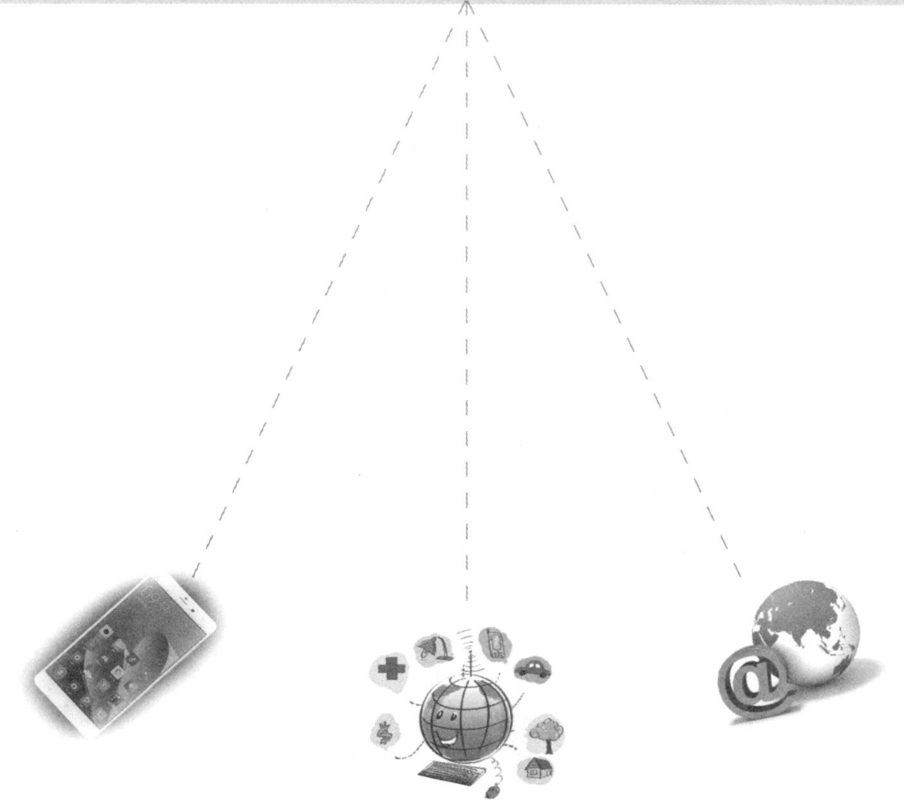

在成为众所周知的“雷布斯”之前，雷军的名字就已经在IT界流传了很久。他在微博的自我介绍里向粉丝提供了一份相当完整的履历。因为他一直强调要“去管理化”，所以他自己并不使用总裁这个称号，而是自称小米创始人。他轻描淡写地提到自己曾经参与创办金山软件和卓越网，现在的业余爱好是天使投资。事实上，他在1992年加入金山软件，1998年出任首席执行官，曾经领导金山软件从应用软件扩展到实体软件、互联网安全软件和网络游戏领域，在金山软件的全面互联网转型中做出过重要贡献。金山软件在2007年上市，雷军担任副董事长，2011年7月，又出任董事长。除了有金山软件的任职经历，他还投资过凡客诚品、多玩、优视科技等多家创新型企业。

无论是做企业高管还是做天使投资人，雷军在互联网行业都可谓声名鹊起。他曾在一档凤凰财经的栏目中提到，他本人并不喜欢“雷布斯”这个称号。他认为这个称号是大家对小米品牌精神的一种误解，对小米进入国际市场会产生负面的影响。因为这个描述把小米形容成一个单纯的模仿者，但实际上小米有自己的创新性。雷军坦言，如果年轻二十几岁，能够和乔布斯这样世界级的人才相提并论，是一件非常荣幸的事，但是四十岁的自己已经不会想要成为某某第二，模仿一个人是非常蠢的做法，雷军应该有雷军自己的精彩。

1. 雷军：40岁学会站在风口上

2014年的小米是全面爆发的小米。据国际数据公司IDC的统计，小米在2014年第三季度一跃成为全球智能手机市场份额排行的第三名，排名仅次于三星和苹果两大市场巨鳄。2015年年初，小米科技创始人雷军曾在一封致全体员工的公开信中提到小米的辉煌业绩："2014年销售手机6112万台，较2013年增长227%；含税销售额743亿元，较2013年增长135%。在智能手机行业里，我们已经成功登顶中国市场份额第一！"

雷军说："台风来的时候，猪都能飞。"小米公司的诞生，战略和产品的发布恰恰是站在了风口上，而小米之所以能取得今天的成绩，顺势而为很重要。小米科技的发展战略都源于雷军对趋势的精明判断，他甚至为此创办了"顺为基金"，来参与围绕小米科技构建生态系统的一系列投资。雷军的顺势理论并非一蹴而就，是他参与创办金山公司和做天使投资人的经历总结。

在雷军40岁那年，一次小范围的朋友聚会上，他好像突然体悟到了生命的真谛："我领悟到，人是不能推着石头往山上走的，这样会很累，而且会被山上随时滚落的石头给打下去。要做的是，先爬到山顶，随便踢块石头下去。"后来，这段话的大意被雷军化用到自己的微博上："只要站在风口，猪也能飞起来。"

雷军所说的推石头上山的日子其实就是在金山的日子。他说："金山的同事们非常勤勉努力，而且聚集了一群最聪明的工程师，但这家创立了16年的高科技公司，却整整花了8年时间才完成上市。面对微软和盗版软件的双重夹击，金山软件一直都有被人端了老窝的感觉。后来，靠了游戏业务才得以上市。”在很长的一段时间里，金山的上市问题都是雷军心头的一笔债，“因为不成功，就无法和周围的人交代”。虽然如此勤奋，雷军还是发现金山上市后的市值远远落后于其它互联网公司。

2010年7月中旬，雷军在自己的微博上展开了一系列的“大反思”，他在这些微博中详细记录了他创办小米科技的心路历程。思及顺势而为、极致、专注的这些产品理念，我们不得不佩服雷军的眼光。雷军曾写道：“过去金山的事，鲜有我没有掺和的，二十二岁的金山没有大成，有我一份不可推卸的责任。纵然有很多外部因素，纵然有很多我不能左右的因素，我只反思我自身的问题，三年下来，结果还是让我受益良多。虽然晚了，但子曰：朝闻道，夕死可矣。”从此“顺势而为”成为雷军创办小米的主要思路，而他的专注、极致等思想也是在这一时期成型的。

雷军与马化腾、李彦宏同属于第一代科技人物，曾经一起混过BBS。眼看百度、腾讯都已经成为市值千亿美元的大公司，雷军并不甘心只做天使投资人。如何建立一家大公司，与马化腾和李彦宏一决高下，几乎成为了他的一个心结。多玩网总裁李学凌曾经在接受媒体采访时吐露：“雷军做手机之前，我们聊了很久。我告诉他，如果你这辈子还要创业就应该做手机，做手机至少要卖我一股。我相信，未来手机时代一定会来临。”

为了测试手机能否取代电脑，雷军基本不用电脑，希望能够身体力行地观察手机替代电脑的可能性。雷军认为，整个手机行业正在经历PC时代的摩尔定律——“每18个月芯片的基数翻一番，数量翻一倍”，而手机一旦解决了硬件配置、输入输出、电池这三大问题后，必将一举超越PC。

而且 2010 年的时候，正值 Android 开始突飞猛进发展，中国智能手机市场正处在起步阶段，3G 网络也开始大规模普及，一个崭新的时代正在到来，而小米也就是在这种大趋势下，以及雷军对行业未来发展的精准判断下诞生了。

雷军也曾在微博上说："佛家（观）一粒米，大如须弥山。"这句话的典故出自《阿含经》里的一则故事，记载小小一粒米饭的力量相当于一座须弥山，可以让暴涨暴落的河流瞬间平静，也蕴含着"顺势而为""顺天行事"的含义。和大多数互联网创业公司一样，小米最开始也是在不断试错的过程中成长。小米第一个比较重要的产品是米聊。在此之前，他们研发了小米司机、小米读书等多个练手产品。

米聊的前身就是小米通。从 2010 年下半年开始，小米一直尝试做一个类似叫"小米通"的东西。错过了互联网发展第一波浪潮的雷军希望借助这个软件重拾旧时的梦想。但是在手机即时通讯方面，早已经有手机 QQ、飞信等多个领导型产品抢占各个市场，这个名字如此土气的产品似乎并无革掉对手性命的好运气。产品不具备革命性，在 QQ 等强大对手面前，就没有存活的可能。2010 年，市场上出现了一个叫做 KIK 的即时通讯产品，其最大的特点是利用与手机通讯录的匹配，建立基于真实身份的通信方式，同时还打通现有 SNS。当时飞信日趋式微，而 SNS 还在陌路狂欢，KIK 的出现为困局中的米聊提供了一条新思路。

雷军在 2010 年 7 月 27 日发微博说："腾讯已经成就了一代霸业，马化腾已经成为这个时代的霸主。但强大如罗马帝国、强大如大秦王朝，都有衰落的一天，这是自然规律。长江后浪推前浪，前浪死在沙滩上，这就是人类社会进步的动力。关键点在腾讯会因为什么原因、会在什么时候衰落，这值得我们大家琢磨！这就是我们创业的机会。"2010 年 12 月，小米发布了第一款模仿 KIK 的产品，先是安卓版，然后是苹果版。2011 年 4 月，米聊又借鉴了香港一款名为 Talkbox 的同类产品增加了对讲机功能，用户一下就猛增到 100 万。雷军感慨地说："站在风口上，猪也能飞起来。”而米聊就站在了移动即时通信的风口之上。

然而，马化腾的危机意识并不比雷军差。雷军或许并不知道，在米聊上线的同时，腾讯也已经在张小龙的带领下潜伏于广州本部秘密开发一个叫做“微信”的产品。

2011 年 1 月对雷军来说犹如是一场噩梦——腾讯推出了重磅炸弹“微信”，同样与米聊站在手机即时通信的风口上，而微信这只“猪”的快速“起飞”直接导致了米聊的陨落。微信依靠 8 亿 QQ 用户的成熟关系链，仅用 1 年时间就获得 1 亿用户，将米聊远远地甩在身后。

2011 年 1 月 7 日，距离小米手机发布还有 9 天，雷军发了一条微博：“舍得，有舍才有得，小舍小得，大舍大得。”2012 年 5 月，雷军在接受采访时表示，米聊输给腾讯微信是情理之中的，创业型公司能在与腾讯正面竞争中生存下来已经创造了奇迹。胜败乃兵家常事，雷军早已释然。虽然米聊失败了，但是雷军在做米聊的过程中，深刻体会到了站在“风口”上是多么的重要，体会到了“顺势而为”的价值。

米聊的失败并没有影响 MIUI 的成功，它成为小米科技的核心竞争力，担负着小米公司从硬件反扑软件重任。MIUI 的成功再次印证了顺势而为的力量。2010 年对移动互联网来说是非常重要的一年——Android2.2 版发布了，它在稳定性和性能方面有很好的改善，是当时运行最快的系统。优秀的运行速度和免费开放源代码的政策，让 Android 迅速在市场上取得了不俗的业绩，它像一股飓风迅速席卷了智能手机市场，也给创业公司带来了机会。小米凭借软件方面的先天优势，对 Android 系统进行了优化，希望它更符合中国人的使用习惯，带来更加完美的使用体验。2010 年 8 月 16 日 MIUI 诞生，并且通过用户参与设计的方式，快速迭代，每周都在提供系统更新。2011 年 8 月 16 日 MIUI 做出了第一版小米手机，小米科技从此正式走上了高速发展之路，开始创造无数的销售奇迹。

小米的快速成长印证了顺势而为的重要性，雷军在 2014 年 7 月 17

日发表的《小米的成功在于两点，进取之心和顺势而为》一文中也指出小米是站在了移动互联网的台风口。在获得了七千万的 MIUI 用户之后，小米又准备起飞了，而雷军这次选择的风口是“互联网连接一切”。

事实上，在这个风口上并非只有小米一只“猪”，腾讯、百度、阿里巴巴、360 这些互联网公司都已经具有互联网思维，而且他们已经在风口上站了很长时间了。腾讯公司已经开始打造微信作为入口和连接一切的平台，并通过 4 亿以上月活跃用户的微信、5 亿以上月活跃用户的手机 QQ 拿到了“连接一切”的门票。微信正在试图通过公众平台成为一切传统产业转型互联网的接口。而腾讯近两年来疯狂的投资和收购，为构建生态系统进行着圈地运动。马化腾表示，我相信未来的商业模式还有很多需要我们去琢磨，更让传统行业兴奋的是移动互联网有类似于微信公众账号这样的形式来连接企业和用户，对很多企业来说是一个新的机会，看怎么基于这个平台拥抱移动互联网，看怎么在这个平台下让企业走得更快、更领先。

百度则依靠手机 APP 矩阵的形式，在搜索、LBS、浏览器等各大平台上全面布局移动互联网搜索入口和 O2O 入口，并涉足智能硬件、智能家居、智能汽车等领域，依靠其在技术上的领先和海量的大数据优势，拿到“连接一切”的另一张门票。李彦宏一直宣称：“科技创新是百度的立身之本。”百度在人工智能、语音识别、OCR 识别、人脸识别、异构计算、图像搜索等方面达到了世界领先水平，这也为其引领移动互联网连接世界的未来打下了基础。

阿里巴巴公司依靠电商、支付、云计算、大数据、物流等方面的布局，以及规模庞大的收购，构建了一个涵盖线上线下各种商业形态的商业帝国。接下来，阿里巴巴要做的是将这些传统商业进行互联网化变革，并利用支付完成闭环，这也让阿里巴巴拿到了“连接一切”的第三张门票。

360 公司试图通过学习小米的方式从手机硬件切入 BAT 的移动互

联网布局，但是最终以失败告终。而周鸿祎并未放弃与其它公司一决高下，他独辟蹊径，收购了一些新兴技术类企业，并以安全为中心打造智能硬件，希望在智能硬件领域再来一次“安全风暴”，以抢占独特定位。虽然目前 360 还未能拿到“连接一切”的第四张门票，但是周鸿祎还是能够在夹缝中找到机会。显然，无论是腾讯、百度、阿里巴巴还是 360 对小米来说都不是简单的对手。

2.“小米式疯长”的三要素

在刚刚过去的2014年，小米完成了一场华丽而优雅的蜕变——从原本的行业追赶者转变成为行业领跑者，成为全行业研究、学习、模仿的对象。一时之间，研究小米商业模式的文章铺天盖地而来，传统企业希望能借鉴小米的成功经验完成企业转型，创业团队希望复制小米的模式成就创业梦想。下面，我们就从企业管理的角度深入剖析一下“小米式疯长”的三要素。

在管理学中，有一个冰山理论，大意是说，企业成功的原因就像一座漂浮在海里的冰山，出现在人们视野里的水面上的部分只是表因，而真正的原因隐藏在水面之下。在小米的成功模式中，我们能够直观看到和感受到的表象，比如疯狂的粉丝、款款火爆的产品、傲人的口碑只是浮在水面上的一个小部分，最为核心的东西——企业的经营能力，品牌塑造能力，核心团队创新能力依旧隐藏在水面之下。而以下三点即是“小米式疯长”的三要素：

（1）基于社交媒体的口碑营销

提到小米，一般消费者的脑海中马上会浮现出，它款款火爆的智能手机和疯狂忠实的米粉。我们先来观察一组数字：

2010年4月小米公司注册成立，以“为发烧而生”为产品理念，并首创了用互联网模式开发手机操作系统和发烧友参与开发改进的模式。

8月16日，小米推出了MIUI系统的首个内测版本。

12 月 10 日，小米正式发布了米聊安卓内测版。

2011 年 8 月，小米 1 代手机正式发布。

8 月 29 日，小米开始发售 1 代手机千台工程纪念版。

9 月 5 日，小米开放网络预购，仅半天时间就预售出 30 万台机器。

12 月 18 日，小米 1 代手机首次网络售卖，创造了 5 分钟内销售 30 万台的纪录。

在小米 1 代手机一鸣惊人的背后，隐藏着 MIUI 系统已经在线上运营一年的事实。实际上，小米的联合创始人黎万强也在《参与感》这本书中，花费了大量的篇幅介绍 MIUI 系统是如何建立口碑，如何为小米手机的推出进行市场预热，如何积累优质粉丝的。总结来说，小米是在最初筛选种子用户的时候，通过向用户征集产品诉求和邀请用户参与改进系统、产品试用、意见反馈，层层迭代，顺势而为，才能最终树立起产品的口碑和影响力。小米 1 代手机可谓“千呼万唤始出来”，因为 MIUI 系统为小米手机产品培养的千万粉丝早就对其翘首以盼。这就是黎万强为我们解密的小米口碑营销模式。

其实，小米在 2010 年下半年度，除了 MIUI 系统外，还做了米聊、小米读书、小米司机、小米分享等一系列手机 APP 产品。处在初创阶段的小米希望能通过手机软体在行业内试水，而雷军真正想要做的产品只有米聊。他开发 IM 和 MIUI 的目的是为了降低成本，把它们当作辅助米聊的开路利器。然而，令雷军始料未及的情况出现了，腾讯微信在市场中迸发了巨大的能量，基本没有给同类手机软体留下生存空间，反倒是 MIUI 无心插柳柳成荫，带动后期小米手机的研发。

小米的成功为中国手机市场带来了一种全新模式——“ROM—手机”。无论 MIUI 的初衷是什么，它的成功里面有多少的偶然成分，其中都有一个必然因素，那就是人才。小米在 ROM 开发的过程中集结了一大批优秀人才，反复打磨团队，为后来的硬件研发奠定了坚实的基础。在走上硬件道路以后，小米做了两件事：一件是，弱化 APP 产品比重；

另一件是重点开发新的硬件产品。比如，小米盒子、活塞耳机、蓝牙小车等等，这些配件使小米在年轻的消费者眼中变得非常专业。经过对初期 MIUI 及其它 APP 的用户“试错”，小米收获了大量的粉丝和良好口碑，为后续小米手机的推出做了很好的市场预热。总而言之，谁也无法在一开始就做出“爆品”，总要有一个反复试错、市场预热的过程，要循序渐进。

（2）对产品有精准的市场定位

小米的品牌营销是炉火纯青的定位营销，关于定位营销的经典案例已经有太多的书面介绍和材料补充。总而言之，就是要确保产品在目标用户的心中占据一个真正有价值的地位。纵观小米的创业史，定位理论一直贯彻于营销与产品规划之中，甚至，雷军的言行举止也在遵循着定位理论。

小米成立初期曾有意模仿苹果的战略，打造“软件 + 硬件 + 互联网服务”的轻模式。很多用户对 MIUI 系统的印象是“披着 IOS 外衣的 Android 系统”。雷军也在穿着、手势、演讲风格上刻意地模仿乔布斯，而且他在接受媒体采访的时候从不掩饰自己对乔布斯的敬仰。这种刻意的学习，不但把用户对苹果的品牌印象移植到小米身上，快速在消费者心中打上成功品牌的烙印，也在企业的初创期，大大降低了营销成本和经营风险。

小米的每一款产品都遵循着定位理论，有明显的产品特色、明晰的目标用户群和明确的品牌定位。具体来看：小米 1 代手机被定位为“发烧友手机”。刻意强调了手机的高性能、高配置和高可适配性，通过发烧友标签，迅速拉近了和特定消费者的距离，做出了经典爆款。红米的定位是“千元机”，通过精准的品类定位，顺利地切入千元机这个手机新品类市场。红米至今还是小米手机中出货量最大的机型。小米电视以“年轻人的第一台电视机”为定位，将目标用户定位在刚刚结婚急需置办家电的年轻夫妇，契合了小米产品年轻化的目标用户群定位。小米 4 代手机以“一块钢板的艺术之旅”为定位。处在这一时期的小米已经经过了发展的初级阶段，开始把更多目光投入到工业设计和产品外观，根据公司的发展战略，调整了自己的产品定位。

由此可以看出，小米虽然在发展的初期是靠着集合自身影响力借“苹果”之势做产品营销的，但随着公司在后期的不断演进，其产品定位也在不断发生变化。小米非常善于以品类视角切入目标人群心智，塑造品牌形象。

（3）拥有强大的风险管控能力

很多人认为小米是一个强营销公司，事实也的确如此。无论是各个阶段的定位思维还是所谓的粉丝经济、饥饿营销、口碑营销，这些模式的成功都要归功于小米的强经营能力和风险管控能力。对于一个初创企业来讲，做硬件不同于软件，其中有太多的不可控因素。设计、开模、物料、生产、库存这些环节无一不需要大量的成本投入，一不小心就会被成本和现金流拖死。而小米在针对各个环节进行风险管控的时候表现出了强大的能力。

面对 PC 端口的用户，小米采用了新媒体来抢占线下阵地，即通过 MIUI 培养粉丝，为实体手机市场预热。小米积累粉丝的手法比较像明星培养粉丝，他们通过与粉丝做朋友，给粉丝讲故事、制造话题，来培养粉丝的参与感和情感共鸣。总结来说，企业的传统营销手段就是打广告，弊端是随着广告档期的过去，用户也跟着大量流失。而小米利用新媒体营销的办法，减少了营销成本，培养了高粘度的米粉，避免了企业在初创阶段被营销成本牵绊。

在供应链和库存方面，硬件器件一如既往地遵循着摩尔定律和边际成本递减的规律，即器件成本随着时间推移越来越低。那么依据这个规律，风险最低的硬件生产模式一定是通过最终销量反推产量来进行合理

备料。当器件有了量的保证，成本就会随之不断下降，也就不会出现库存方面的问题。那如何才能实现销量驱动生产呢？

小米给出的答案是饥饿营销。

小米的饥饿营销采取了让用户先预定产品，制造产品的“短缺假象”，然后集中销售的模式。这种模式的好处在于既给产能爬坡预留了灵活的空间，又对销量有个相对准确的估算，最终驱动了芯片厂商的降价。通过这一手段，小米大大降低了运营风险以及产品成本。

而在渡过了产品初期产能不足阶段以后，小米依旧在使用饥饿营销方式销售产品，不排除其利用此手段赚取硬件差价的可能性。总得来看，饥饿营销是一种符合硬件供应链特点的营销方式，它以口碑积累为基础。小米敢于使用饥饿营销的背后，隐藏着它控制风险和成本的良好意识。但也不能忽视企业长期使用饥饿营销对粉丝情感上的伤害。当粉丝的这种负面情绪越聚越多时，同样会对品牌口碑产生负面影响。

在销售渠道方面，小米选择了自建电商和利用多种线上渠道分发的方式。这种方式也避免了大量的线下渠道成本。小米在营销、供应链、销售方面压缩的成本，成为了小米的盈利点和让利给用户的部分。小米的低价不是补贴来的，而是通过强经营理念带动模式创新真正实现的低成本。小米通过对各个环节进行的成本节约，最终落实了产品不可思议的低价，惊呆了整个行业。

雷军强调的“顺势而为”，本质上是一种对“道”的尊重。在小米成长的初期，他曾在很多场合解释过“顺势而为”，甚至给自己的一个投资公司取名叫做“顺为”。“顺势而为”是要我们做事业的时候顺应潮流，顺应“道”，不能逆势而行。那么，什么是潮流？什么是道呢？移动互联网时代的到来就是潮流，就是道，而雷军正是较早看到这个大潮的人。

互联网的本质是一种信息传输方式的变革。随着互联网的发展，特别是移动互联网的发展，我们身边的信息井喷式的流动起来，信息不对称性正在逐渐消除。信息传输方式的变革造就了时代的变革。去中心化的连接数量正在呈指数级的增长。大连接成为了互联网时代的主要特征。小米遵循了这一规律，准备将自己打造成一个开放的“连接中心”，通过网络来连接用户、整合供应链，本身的质量却变得很“轻”，这样不但可以使企业轻而易举地跟进快速的行业变化，还更好地控制了风险，降低了成本。

特别是雷军的团队认清了硬件开发与软件开发的区别，充分尊重了硬件产品的设计规则和生产规律。他们突破传统模式，大胆创新，尽可能地消灭各种上下游中间不必要环节，把运营做得足够轻，也足够开放。这样小米才会真的像站在风口一样飞得起来。

在互联网的大时代，一切都处于发展变化当中，唯有变化本身才是真正不变的。只有像小米这样看清潮流，认清市场规律的企业才能走到行业的前列。小米今天取得的成绩，不是仅仅凭借营销手段和疯狂粉丝就能支撑的。它无时无刻不在强调经营的重要性，强调要首先能够在市场竞争中存活下来，并且为了这一基本目标，不断地思考、学习、创新、整合。

3. 雷军的互联网企业战略

2013年《福布斯》杂志亚洲版评选出的年度商业人物还是万达集团的创始人王健林，而2014年该杂志亚洲版的年度商业人物则是小米科技的创始人雷军了。该杂志认为，小米手机就是在雷军的带领下，以低廉的价格横扫整个亚洲智能手机市场，并且带动了企业的多功能电子产品以大众可承受的价格，覆盖最广阔人群的潮流。国际数据公司IDC公布了它们的数据，小米在2014年第三季度一跃成为全球智能手机市场份额排行的第三名，排名仅次于三星和苹果两大市场巨鳄。

而单就中国市场而言，小米的市场份额早已超越了苹果，成为国内最大的智能手机厂商。小米与苹果诞生的年代不同，生长所处的社会环境也不同，所以其发展历程很难与苹果相提并论。雷军认为，小米的开放生态与苹果的封闭生态完全背道而驰，小米在接下来的发展阶段会顺势而为，需要什么就做什么。

小米为什么要做生态呢?

2014年1月，Google收购Nest Labs的举措带动了智能家居的浪潮，惊醒行业内的所有公司，大家都在加快前进的步伐。

在2015年1月的极客公园创新大会上，雷军在其演讲中提到互联网思想是小米模式最重要的核心。对于投资雷军关注的重点只有两个：第一个是要符合小米的发展战略，以帮助小米增强竞争力为目标；第二个是不赔钱。小米的生态链是开放的，雷军强调大家认为“小米啥都干”是误解，专注是小米的核心原则，小米是有边界的。

在过去的三年里，小米虽然做了很多产品，但重点一直聚焦在手机、路由器和电视盒子这三款产品上。其中，包含的逻辑是手机迟早会取代 PC 成为用户电子消费的主要载体，为了解决手机的输出问题制作了电视盒子，为了改善网速又制作了路由器。而路由器将会成为家庭私有云的中心，把所有设备都联系在一起，用户只需要极其简单的几步，就可以完成所有的操作。小米计划在未来把更多的硬件产品交给合作伙伴去做。

事实上，小米在最初十分矛盾，对先做手机还是先做路由器一直犹豫不决，因为它的三个核心产品：手机、电视和路由器正是按照生态链延展开来的。因为生态链层面的竞争在短期内难以看到效果。

而它最终还是选择先做手机，由硬件切入。在 2014 年，小米成立生态链部门，计划投资 100 家硬件企业。这些企业包含了智能硬件（美的）、内容产业（优酷和爱奇艺）、云服务（金山和世纪互联）。它们全都是围绕小米手机延展的周边企业。这都证明小米是有边界的，它投资的目的并不是要做更多的产品，而是要建设产业链，更加专注于本身产品。

小米很清醒地认识到，如果各个产品线齐头并进既混乱又危险，于是它把克制、聚焦、稳步推进当作自己的关键词，小心翼翼地按节奏推进。小米的核心原则有三个：要克制贪婪，少做事，做好事；要尽可能地广泛结盟，和大家协同发展；要通过生态链的方式来带动产业升级。

小米为自己准备了三张网，首先，小米不仅是一家手机公司，还是一家移动互联网公司，所以小米的第一张网是移动互联网。举个例子，仅 2014 年 11 月份小米的网络游戏业务流水就有 1.73 亿人民币，非常可观。第二张网是电子商务网，无论是营业额还是规模，尤其在智能硬件方面，小米都可以排进全国前三，小米为什么如此重视完善智能硬件产业链的工作，很大的可能是为了补充略显薄弱的产品线。第三张网是云服务。小米有三层云服务战略，目前小米自身所提供的云服务集中在

应用端，中间层是金山，主要是数据挖掘和利用，基础设施（如机房等）是由世纪互联提供，分工协作，互不制约，彼此有独立的业务策略。

小米在2014年初开始准备路由器，并且把路由器设计成家庭的服务器和家庭化的存储中心，在做路由器的同时，开始做智能硬件的生态链。小米在初期想找大公司合作，通过和几个家电巨头的沟通，最终花费了八九个月的时间，与美的达成了战略伙伴关系。如果没有成功案例，想要与这些传统的大企业展开合作，是非常困难的，美的对小米来说是一个难得的切入口。

在与美的合作之前，小米已经酝酿了两年时间。雷军野心勃勃地说："我们的第一步是自己通过智能硬件产业链的投资，使我们的产业链初见雏形，这样才能说服美的和我们合作。第二步是投资美的。我们想通过和美的的伙伴关系，达成小米设备和美的设备的互联互通。我们想在五年时间内，让所有的设备都和小米连接上。"

小米是开放式的，不要求投资或结盟的公司站队，因为开放是建立生态链的基础。比如，小米在内容产业的生态链中投资了优酷和爱奇艺，而这两家既是最好的视频网站也是直接竞争对手，小米不参与内容产业的竞争，只是追求内容产业的合作。再比如小米选择了金山云作为云提供方，也与亚马逊展开了部分合作，金山云不是小米唯一的供应商，而是主要供应商。投资只是执行小米战略，目的是为了强化小米自己。小米投资的100家公司可以起到示范作用，带动整个产业链。小米有自己的挑选标准，核心是要符合小米价值观，契合小米用户群的需要。特别是和产品本身价格无关，比如，Nest产品好但价格高，不符合小米用户群的主流需求，所以小米不会引入Nest的产品。

商业的本质是高效率，便宜的背后也是高效率，而高效率正是小米胜出的绝对原因：第一是真材实料，高性能，高体验，关键词是要超用户预期；第二是电子商务直销，高效率运作，优势明显，小米的运营效率绝对是世界领先水平；第三是口口相传，产生超高口碑，可以节省大量的广告营销费用。

王兴说："无论你从事什么行业，如果你一旦认为你的行业跟互联网没有什么关系，再过一两年这个行业跟你就没关系了。"移动互联和智能家居的浪潮已经来了，不懂改变的企业只能面临被淘汰局面。

未来智能硬件方向大致可分为两类，一类是大众品爆款，很便宜，另一类是个性款，做溢价。如此看来，小米已经牢牢把握住了未来智能硬件方向。所以对市场中的其它企业来说，要么模仿小米模式，要么和这种模式错位，这就是现实。当然，如果把范围扩大，电子工业品不可能是唯一的寡头市场，非小米模式也可能获得成功。

小米的定位是"国民企业"，它的目标是推动新一轮的工业革命，而改变工业社会的标志首先就是让所有的产品都质优价廉。小米已经用了三年时间改变了智能手机行业，所有产品都在它的影响下变得更加优质，也更加便宜了。小米希望在十年内改变中国，至少改变工业。它还想成为世界第一，让全球一起享受中国科技创新带来的乐趣。

4. 核心团队是“轻模式”的基础

我们把小米层层剥开，最为核心的部分就是人才。

京东 CEO 刘强东一再强调，团队是一个公司的基础。公司不行归根结底是人不行。成功创业的公司有一条经验值得借鉴，企业的创始人会在创业的初期花费 70% 的时间招募核心团队。小米的核心团队，即七大联合创始人团队，其成员覆盖了软件、营销、工业设计、供应链、资本等等领域。

小米的“轻模式”要求这一核心团队有极强的供应链整合能力和合作伙伴的能力，并且能够承担初创企业开发硬件产品的经营风险，能够推动营销模式创新。雷军的天使投资人身份，使他摸索出一个非常重要的道理，企业要先活下来，然后再谈发展。经营能力和风险管控能力是企业活下来的基础。而雷军自身的品牌价值和人脉也给小米的腾飞插上了无形的翅膀。所以说，小米的成功是整个团队的成功。假设有一天小米走了下坡路，根源也一定是其团队出了问题。

很多的成功都起于偶然的相遇。2009 年初的一天，在北京五道口的 Google 办公楼里，雷军经李开复介绍认识了有谷歌中国工程研究院四大金刚之称的林斌。当时的林斌肩负着谷歌移动的研发和安卓系统的本地化工作。雷军遇到林斌，就等于发烧友遇到了专家，两人相谈甚欢，一见如故。移动互联网产业和手机产品是两人喜欢的话题，往往能从晚上 8 点聊到凌晨两三点。不久之后，林斌就从谷歌跳槽，成为了小米科技的第一个联合创始人。随后晨兴资本的刘芹被雷军长达 12 个小时的通话打动，也决定加盟到小米科技。2009 年 11 月，雷军又挖走他在金山软件的得力部下黎万强，同时林斌还带来了自己在微软的旧部黄江吉。2010 年年中，洪峰加盟小米。同年的 10 月 8 日，原摩托罗拉北京研发中心高级总监周光平也正式入职小米。在收获周光平的同时，雷军还意外发现了前北京科技大学工业设计系主任刘德。至此，小米聚齐了最初的七人核心团队。

一个小小的创业公司，却聚集了来自微软、谷歌、摩托罗拉等 5 个超级企业的实力派联合创始人。按照雷军的说法，“5 个海归、3 个土鳖，土洋结合”。在这 7 个人当中，黎万强本身就是雷军旧部，林斌、黄江吉、洪峰全部来自微软研究院，都属于技术流。周光平博士拥有无可挑剔的设计经验。而刘德毕业于全球顶级的设计院校，在手机的工业设计上独当一面。至此，雷军从软件研发到硬件工业设计都找到了最适合的人选，满怀信心地开始打造他们的互联网手机梦想。

按照柳传志先生总结的企业管理步骤：“搭班子、定战略、带队伍”，小米科技已经完成了创办的第一步。在搭好班子后，接下来就是为企业发展定战略。由于小米七人团的成员绝大多数是做软件出身的，所以雷军决定先从自身优势入手。洪峰把小米的狂热理想梳理成较为明确的发展思路，即从最擅长的软件开始试水，先做操作系统，由操作系统切入手机硬件，带动整个市场。有了战略，小米公司开始真正发力。恰巧在 2010 年 4 月，雷军的师弟推荐一个从德信无线出走的业务团队给雷军，这个团队随后被更名为“小米工作室”，也就是小米科技的前身。

2010 年 4 月 6 日，小米科技横空出世，雷军带领着他的七人团一路横扫，战果累累，A 轮融资，14 人团队出 500 万美元，晨兴创投出资 500 万美元，公司估值 2500 万美元。2010 年底的 B 轮融资中，来自 Morningside、启明、IDG 和小米团队 4100 万美元投资，其中小米 54 人创始团队出资 1100 万美元，公司估值 2.5 亿美元。2011 年 12 月的 C 轮融资中，小米科技完成新一轮 9000 万美元的融资，估值 10 亿美元。

2012 年 6 月底 D 轮融资，小米公司宣布，成功融资 2.16 亿美元，估值 40 亿美元，短短 3 年之间，小米已经市值百亿美元，而这一切都是人造的。

小米模式的成功，不仅是一种创新商业模式的成功、口碑营销方式的成功，更是人才争夺战的成功。雷军说：“如果你招不到人才，只是因为你投入的精力不够多。我每天都要花费一半以上的时间用来招募人才，前 100 名员工每名员工入职都亲自见面并沟通，所以当初我决定组建超强的团队，前半年花了至少 80% 的时间找人。”如果安排小米公开的 6x12 的工作时间表，雷军在聘请小米前一百名员工的阶段，至少投入了超过 1500 小时招募人才。这种决心和魄力，是大多数创始人和 CEO 达不到的。

小米打赢人才战的决心，正如小米做产品的决心。也正是因为小米有一班聪明、技术一流、有战斗力、有热情的靠谱的员工，带着这样的团队，你才有资格讲：“无组织、无会议、无绩效考核”，同理，这样的员工做出来的产品才是可以信赖的。

小米前 300 号员工，90% 都来自推荐，其中创始团队的组建更是将这一点表现得淋漓尽致。雷军认识林斌，是在 2008 年，当时林斌在推动 Google 和 UCWEB 之间的合作；KK 和黄江吉都曾经是林斌在微软的同事，林斌把 KK 推荐给了雷军；‘洪锋与林斌曾共同服务在 Google，洪锋认识雷军之后，又把刘德推荐给了他。这个团队中西合璧，理念一致，充满了创业的热情。

在权威调查机构发布的 2012 年度不同招聘渠道所完成的职缺数量比例统计报告中，网络招聘约占比 49%，熟人推荐、猎头推荐加在一起出人意料的占比 36%。推荐具有更多的优势，总结来说有四点：对候选人的了解比较准确，真实可靠而且客观准确；流动性低，顾及介绍人的关系，工作也会更加努力，这样的工作和努力超出了薪酬和福利以及绩效的控制范围；招募成本很低，同时还提高了员工的满意度；成功率高。

从小米的办公布局能看出小米扁平化的组织结构：一层产品、一层营销、一层硬件、一层电商。每层由一名创始人坐镇，以岗定人。

洪锋是谷歌的高级工程师，黄江吉是微软工程院首席工程师，担任小米工程副总裁；黎万强是金山软件人机交互设计总监，金山词霸总经理，担任 MIUI 手机操作系统项目和小米手机营销的负责人；周光平是摩托罗拉北京研发中心总工程师，负责硬件团队及 BSP；刘德这位来自世界上顶级设计院校 ArtCenter 的工业设计师，负责小米手机的硬件工业设计业务。

在小米创办的头 2 年时间里，小米团队从 14 个人扩张到约 400 人时，整个团队平均年龄为 33 岁，几乎所有的员工来自于前谷歌、微软、摩托罗拉、比亚迪、百度、金山、联想、阿里巴巴等公司精英员工，都拥有 5-7 年以上的工作经验。

小米无畏果敢，在人才战中，车轮战是其经典手段之一。有一次，一个非常资深和出色的硬件工程师被请来小米公司面试，他没有创业的决心，对小米走向何方心不坚定，于是几个合伙人轮番上阵和他沟通，花费整整 12 个小时，终于打动了他。该工程师最后说：“我已经体力不支了，还是答应你们算了！”

小米团队对于优秀候选人的坚持与主动追求，一如既往地在发烧友产品中表现得淋漓尽致。创始人黎万强面试设计师常用“一看二问三推敲四夸大”的方法。比如，招聘设计师，一要看他穿什么衣服鞋帽，从彰显的外表上感知他的内心对美的追求意识与审美能力；二要问他玩什么，看什么，洞见他是否见了足够多来自于工作和生活的好作品，而问他看什么，可以问出他深度阅读的习惯与否；三要仔细推敲。是天才还是“口”才，作品一上桌，人有几成功力，一目了然。比如，“米兔之父”斗爷就隐藏得很深，而在最初，因为他看着“太不着调调”，其他合伙人大都对他不以为然。

总而言之，小米的成功缘于它人才争夺战的成功。移动互联时代，创业者用传统的招聘渠道等好人才自己来投靠和通过养兵千日似的培训慢慢培养人才的方法已经不能满足企业日益增长的人才强烈需求了。引用中欧国际工商学院人力资源学忻榕教授的一句话来说：人才不是培养出来的，而是选出来的。

5. 小米的理想：迈向国际市场

自2012年末以来，低端市场上的Android手机都有了大幅度的性价比提升，消费者不再只有小米一个选择，小米在自己熟悉的千元市场迎来了大批竞争对手的挑战。众所周知，智能手机的更迭速度相当快，新一代的出现往往意味着前一代的消亡。那小米“高配置、低价格”的产品定位能否帮助它杀出重围呢？事实上，小米从二代产品开始，就已经走上了新的发展路线，即雷军一直强调的“硬件+软件+服务”，建立小米生态系统。

小米并不关注MIUI到底吸引了多少用户，它依靠手机硬件、MIUI操作系统以及应用服务所组合成“铁人三项”，向用户提供全体验式的综合服务。

有观察家曾指出小米与苹果的不同。小米的运营布局并非是以硬件盈利为中心的。正如小米对外宣称的那样——“不追求依赖硬件利润”，它以建立在硬件基础上的软件和服务盈利。这实际上是一个宏伟的生态圈规划，布局了从硬件设计、系统开发、电子商务、客户服务到周边产品的整条生态链，是一种垂直模式。

2013年是小米的转型之年，随着MIUI用户量的不断攀升，小米团队的工作重心发生质的改变，他们开始从多个层面切入云服务，组建自己的互联网商业模式，企图把游戏中心、应用商店、移动支付全都纳入到MIUI系统中来。小米科技联合创始人洪锋强调：“小米要做的不是软硬件或互联网公司，而是要做生活方式，Lifestyle。”小米要像“愤怒的

小鸟”那样多元化创收，卖给用户一种新潮快乐的感觉。

雷军曾在题为《智能家居引领未来世界》的演讲中指出，小米基本模式中最为重要的创新部分其实非常简单，就是用接近成本价的方式销售硬件，并最终以此来架构起一个巨型移动互联网平台向用户提供增值服务。

今天，小米平台已经拥有七千万用户，而且这个数字很快就会突破两亿。小米的全球战略已初步展开，只用了一年时间就开拓了香港、台湾、新加坡、马来西亚、印度和印尼六个国际市场。雷军自信地认为，5-10 年之内，小米科技有机会成为世界第一的智能手机公司。

我们首先来观察两组数字。在 2014 年的天猫节阿里巴巴 571 亿的商品，小米总共销售了 15.6 亿人民币，占总营业额的 3%。天猫节一共售出了 189 万部手机，其中有小米手机 116 万部，占总量的 61.3%。显然，小米在互联网智能手机市场里已经拥有非常明显的优势。

由于智能终端越来越成为这个世界的中心，周边连接的智能硬件也越来越多，小米原沿着这个思路，这一段时间主要的工作就是建立完善的智能硬件的生态链。在过去一年多时间里小米已经投了 25 家公司帮助小米完善整个智能硬件的生态链，像网络监控头、智能血压计等等各种各样的智能硬件，围绕小米手机展开。这么一步一步走下去小米所拥有的用户群的黏度就会越来越高，在顶端的增值服务也就会越来越多。简单来说，小米开创这个模式的核心是把硬件、软件和互联网结合在一起，并用这样的方式走出一条新的路子。

那么，小米的竞争策略究竟是什么呢?

小米把自身定位成一家互联网公司，或者是“铁人三项”的公司。强调的是软件、硬件、互联网服务垂直一体化，相对而言华为和中兴是手机硬件公司。小米强调的是综合体验，公司的研发队伍也绝大部分都是在做软件和互联网服务，所以这一点是小米和这两家公司非常不一样的地方。比如说，小米花了很大的精力在做 MIUI，这是基于安卓深度定制的一个手机操作系统。目前的话，已经有 23 个国家的语言版本，16 个国家有粉丝站，粉丝一半以上属于国际市场。

小米整个商业模式的设定，就是一个软硬件一体化的公司。所以在商业模式上设计，是不依靠硬件来赚钱的模式，小米只是把手机硬件当成一个平台，而在这个平台上运行的 MIUI 和米聊都是这个平台上的一部分，都很重要。当然了，从公司的组织形态来讲，小米要求每个业务都不能是生硬捆绑，也就是说小米的 MIUI 要能够运行在别的手机上，小米手机也可以运行别的操作系统，就是一个弱捆绑的模式。这种模式会使小米手机的硬件和 MIUI 系统都具备非常强的竞争力。对用户来说，如果你的 OS 做得不好，我就可以用原生的安卓，甚至可以用别的系统，我为什么一定要用你的操作系统？而对小米的系统设计部来说，小米的系统也可以支持别的手机。雷军说："我想也许只有互联网公司才会这么考虑问题，就是每个部门都是独立生存的，每个部门都要有非常强的市场竞争力，你才能活得下去。"

MIUI 是小米公司在 Google 安卓基础上定制开发的一款手机操作系统。这套系统的特点之一是加入了符合中国用户使用习惯的功能，并将小米的主要产品之一米聊与手机联系人紧密结合。虽然 MIUI 是小米手机的出厂安装系统，但雷军承诺，用户可以自行更换自己喜欢的操作系统。

目前小米手机都是无锁的，是没有加锁的，所以官方也提供了原生的安卓操作系统，也提供了 MIUI，然而目前支持小米手机的，大概还有十几种基于安卓的深度定制的 ROM，还有发烧友在小米手机上跑过 Windows 98、Windows XP。雷军也在尝试跟微软沟通，希望在下一代 Windows Phone 的时候，小米手机也能出 Windows Phone 的版本。

虽然苹果公司使用"铁人三项"的模式取得了巨大的成功，但是全球选择这种模式的公司还是非常少的。其原因在于这种商业模式的操作难度很高。由于软件文化、硬件文化和互联网文化，这三种文化之间的

冲突非常严重，要想把这三种文化融合到同一企业文化中，生产出“铁人三项”的DNA，是非常不容易的一件事情。雷军在这一方面花费了非常多的心血，为了促成融合，为小米做了大量的手术。而所有的公司都会在这个模式上遇到非常多困难和问题，不是说想做就可以很轻松做好的。

如果说10年前做电子商务可能在更多的时候是在做概念、做未来，而今天做电子商务就是真真正正地在做生意，有些企业的规模还非常之大。今天小米的绝大部分手机都是通过网络零售出去的，这在十几年前是无法想象的。比如说，小米的最近一次35分钟零售卖掉了15万部手机，在短短的35分钟内，销售额就达到了3亿人民币。电子商务发展到今天已经相当成熟，无论是消息到达用户，还是在线支付、配送产品，其中的各个领域和各个环节都已经相当完善。当然，这里面也存在着大量的问题。比如，在过去的一年里市场出现了泡沫化的趋势，随着资金的大量涌入，所有企业都在疯狂地做市场，带来了很多负面影响。虽然我们的策略还需要有一定的调整，但电子商务的大趋势是不可逆转的，因为电子商务已经成为了年轻网民的主要消费方向。它给整个零售业带来了决定性的变革，没有电子商务这种模式，小米手机就无法创造低价高质的神话。

在小米公司逐渐展开波澜壮阔的全球扩张之际，雷军接受了《财富》的独家采访，详细解释了他选择海外市场的战略，和小米模式的可复制性。这是一个疯狂的想法：2010年，雷军创办了小米科技，毅然决然地选择在中国市场直面向苹果、三星、联想这些资金丰厚的高端手机商。令人惊叹的是小米在这些手机巨头面前，不仅坚守了自己的阵地，还实现了爆发式经济增长。去年，小米手机销售额超过50亿美元，增长率达到了150%，公司估值目前已经高达100亿美元。44岁的雷军解释说，基于谷歌安卓系统开发的小米手机之所以能够成功主要依靠和客户的紧密互动。他认为，小米手机在其它国家的市场也能实现很好的转化。

雷军野心勃勃地说："小米的初步计划包括进军亚洲、欧洲及拉丁美洲的10个国家。这些国家都满足三个条件：智能手机市场即将抵达临界点、社交网络服务高度成熟、具备良好的电子商务基础设施。基于这些条件，我们选择了俄罗斯、土耳其、巴西、墨西哥及印度等作为扩张的下一站。"其它的中国智能手机生产商，特别是联想，已经输出了一个成功的营销模式，在其它发展中国家的市场中销售高质低价的智能手机，并且已经建立起了品牌知名度和自己的零售网络和营销渠道。小米从某种意义上讲，是在与这些竞争对手合作，因为他们一同肩负着打造中国品牌声誉的重任。二者之间的区别在于，小米把国内市场的销售模式复制到其它市场，依然把用户当作朋友，在他们的帮助下完成产品改进；坚持在仅有的七、八种产品上精益求精。

雷军还说："小米科技最出名的就是它的商业模式，我们能够贴着成本走。我们还有着世界顶级的运营效率。另外，我们还可以从自身硬件平台上（软件和服务）中获取利润。"

现在小米的竞争对手，三星、华为、中兴、联想都在海外市场获得了出色成绩，虽然小米在海外市场依然处于弱势地位，但这意味着小米在海外市场具备很大的发展潜力。

粉丝经济：

小米“一炮而红”背后的玄机

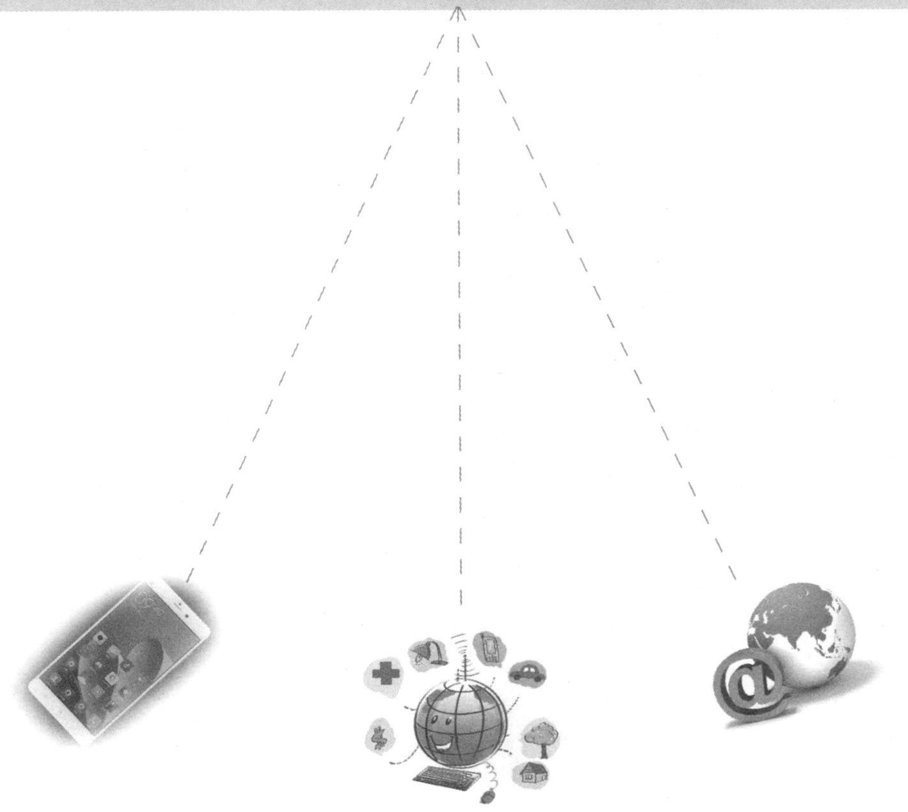

我们已经进入了一个品牌崇拜的时代，越来越多的用户愿意把自己的热忱和信任投入到某款喜爱的产品中去。他们成为产品的疯狂粉丝，为企业品牌保驾护航，促使企业产生了巨大的经济价值，形成了所谓的粉丝经济。

小米的粉丝经济，有一套非常完整的，组织完备、目标明确，把服务用户的理念和互联网思维贯彻始终，并且把它们提升为企业战略贯彻执行的系统。

虽然企业品牌在拥有了独特的定位之后就会具有一定的传播能力，但这对任何一家富有市场野心的公司来说都还远远不够。它们还需要更大范围、更有效的传输方法。像打造明星一样地包装自己，建立有广泛基础的用户平台，主动掌握向消费者和潜在消费者喊话的“大喇叭”，就是小米传播自身独特定位理念的有效方法。

1. 我为发烧友，发烧友为我

2011 年 8 月 16 日小米 1 代手机正式发布，雷军将小米的手机产品系列定位为“发烧友产品”。“发烧”一词从此成为小米公司的主要标签之一。之后，小米盒子、小米路由器、小米电视这些硬件产品的定位中也陆续出现“发烧”一词。比如，小米盒子被小米定位为“迄今为止最发烧的硬件”，小米路由器则是“发烧友的新玩具”。网友们笑称的“不服跑个分”就是对小米自贴发烧标签的最好诠释。

发烧的定位在小米快速发展的四年里功不可没，因为它的确让用户感觉到眼前一亮。此前并不是没有企业宣称自己的手机硬件配置高，但是他们都没有通过一个具体的口号去定位自己的产品，也就无法在媒体和消费者的心目中形成具体概念。小米科技看到并填补了这个空白，于是成功地将“发烧”变成了独有的品牌标签。

做发烧友手机并非是小米团队头脑一热的想法。雷军曾在接受采访时透露小米此前发起过一个“我是手机控”的活动，得出一个结论：只有发烧友喜欢的手机才可能成为畅销手机。雷军认定发烧友是意见领袖，只有他们喜欢的手机才可以真正走向大众。他希望能够借助一个非常酷的词语让作为市场后来者的小米手机更具差异化。而发烧可以很好地标榜出产品特色，是一个非常恰当的营销定位。小米科技在之前推出的 MIUI 系统，实际上是一款专门供用户刷机的系统，而刷机通常是手机发烧友最喜欢做的事，并且这在大多数年轻人的眼里非常酷。小米把自己的用户称作发烧友，给了用户很大的尊重，让他们在成为小米用户的一刻得到巨大的心理满足感。以营销学的角度来看，发烧友是一个非常出色的市场定位。

而品牌定位一旦被消费者明确就必须贯彻落实，否则会被市场订上不诚实的耻辱柱。小米 1 代手机采用高通 MSM8260 双核、1.5GHz 主频的 CPU，雷军称之为全球主频最快的智能手机。采用 Adreno 220 图形芯片，配置 1GB 机身存储，支持 32GBMicroSD；采用的石墨散热膜，用以解决发热问题。小米 2 代手机硬件配置方面，采用高通 APQ8064 四核处理器，28 纳米制程，主频为 1.5GHz，CPU 为 Adreno320，搭配 2GBRAM、16GBROM。雷军称其为性能怪兽。小米 3 代手机的电信版和联通版采用 2.3GHz 高通骁龙 800 最高端版本 8974AB 四核，移动版采用 1.8GHz Tegra 4 四核处理器，内置 2GB RAM 和 16GB 存储空间，电池容量为 3050mAh。雷军称之为迄今为止最快的手机。雷军凭借对市场的敏锐把握使小米的产品总能在处理器、内存上领先对手一点点，与行业巨头的亲密合作弥补了小米在供应链上的不足，使发烧的标签在消费者心中更加名副其实。

互联网时代是一个深层次消费的时代。随着物质需求的不断满足，消费行为更多地体现为消费者感情的自我彰显。这个时代更是一个消费者自我呵护、自我尊重的时代。新一代的消费者不仅重视产品和服务带给他们的功能需求，更重视购买产品和服务过程中所获得的符合自己心理需求和情趣偏好的特定体验。所以在互联网时代，情感体验永远超越功能体验。而企业要想在竞争中胜出，要想赢得粉丝的偏爱，就得在情感上，至少有一个能让用户怦然心动的突出点。

小米的成功恰恰在于成功挖掘出了年轻人的一种热爱。简单来说，为发烧而生的小米品牌为米粉们提供了一种值得他们热爱的物品。在雷军看来，在如今的互联网形式下，竞争激烈的市场大大提高了用户的鉴赏能力，而只有极度贴近用户，建立一定的情感维系，才可能树立一个优秀的品牌。为此，雷军抓住了这一代年轻人的心理取向，建立了发烧

文化，提供给用户值得他们热爱的产品。发烧级的硬件配置加上亲民的售价，小米从诞生之日起就为米粉呵护着他们的热爱。

小米就是这样在构建企业的时候没有以自身为核心，而是为“发烧”而生，以米粉为核心，并且愿意站在用户的角度去思考更多的问题。仅这一点，就让用户心动不已，所以他们才会愿意主动成为小米的代言人，孜孜不倦地宣传并推进小米品牌的传播。

世界上最难招聘的岗位是什么？小米的答案是产品经理。

因为优秀的项目经理是可以培养出来的，但是作为一个产品经理需要有非常高的悟性，这个悟性是没办法培养的。产品经理在思考问题的时候，不能只注重自己的思路，更要想到用户是如何接触问题的。如果小米有 100 个产品经理，里面可能只有两个是小米公司的内部员工，另外的 98 个其实是小米手机的第一波用户，而最“发烧”的就是这些用户。在小米看来 100 万用户里面，一定有 100 个用户能对产品有自己的看法，而且这些有看法的用户，一定是非常热爱产品的，他们的想法绝对可以带动很多普通用户。

于是，小米把这 100 个“产品经理”纳入到产品的开发模式中。这是一个关键环节，而其中更关键的一环是产品的总经理或者说负责人，这个人是头号产品经理。每个头号产品经理必须要热爱自己的产品，如果我们去要求一个人做一款连他自己都不会使用的产品，即使他再有才华也是不会取得成功的。

也许你会问小米公司不给用户发工资，他们为什么会主动帮小米干活？有时候用户是很单纯的。他们如果在论坛里推荐了一个好功能给企业，企业又真的把这个功能做出来了，然后告诉大家这个想法是某某用户提出来的，这个用户说不定会在第二天马上帮企业想 10 个更好的创意——成就感是巨大的动力。

找到发烧友，进行灰度测试。小米早就发现其实最好的测试方式是发动海量的用户去帮企业做各个方向的测试，这样不单只是最高效、最低层的，同时也是覆盖面最高的。小米提倡的是什么呢？根据用户的最大的痛点去判断到底什么地方要修正，什么地方要提高。更重要的问题是，先修哪一个？有 100 个问题先修哪 10 个？当然你会问，这样做是不是有很大风险，现在用户量也不小了，如果这样去用全国用户做测试的话出了问题怎么办？小米用一个灰度升级的方式，就是通过一些条件选择 1% 的用户，让他们升级，然后观察他们的使用。测试确保他们没有遇到问题之后，再把 1% 变成 5%，10%、20%、50%、100% 全打开。当然，里面会有风险，但是通过 1% 的反馈基本上可以找到大部分的问题。

当然，要让这些用户知道他们是 VIP 用户，他们在跟你测试，他们才尝鲜，他们可以选择不做这 1% 的测试用户。事实上，有些用户会用各种手段提前尝鲜，而这些人都会成为小米的测试人员。

一个轻量级的工程已经动用了从 10 个人到 100 个人，到 1000 个人，现在是 10000 个发烧友。为什么发烧友那么重要？原因很简单，因为小米一上来就挑了一波最严格、最挑剔的用户，过不了他们这一关，就不用继续了。过了他们这一关，他们会成为产品最大的口碑推动者。

小米路由器是如何轻开发的？

原本是一个路由器，小米却把它定义为大人的玩具，同时也是一个家庭智能中心。这个项目其实是从 2013 年 4 月启动的，从 4 月到 7 月，基本上是在搭建团队。这里跟大家分享两个领头人 KK 的小故事。第一个故事的内容是关于搭建团队的。一般人的认为，路由器是硬件产品，应该找硬件高手，但 KK 并不这样认为，小米做的是家用路由器，应该要找企业级别的路由器人才，但小米又不只做路由器，还要做未来的数据中心，它会变得越来越强大。所以，KK 找了做企业路由器超过 10 年以上的唐沐。唐沐基本上是腾讯的用户交互中心的老大，他 10 年前去腾讯一手创办了用户体验中心，业界做设计的基本上没有人不认识他。KK 跑去问他你要不要过来跟我一起做路由器？因为这个东西非常新

鲜，这对唐沐来说是个挑战，他一听完，就兴奋的一塌糊涂，问KK的第一个问题是路由器上面是不是应该有一个显示屏，不然UI怎么发挥出来？然后KK跟他说，兄弟不是这样的，你的屏无处不在，你看看我们在做的小米手机，做的小米电视，做的小米盒子，他们全部都有屏。现在是什么时代了？我们控制一个设备，不一定要跑过去按它，你用手机，手机的屏幕就是你的UI交互，甚至电视，你想在里面做什么样的操作，或者什么样的交互，有很多空间去发挥……唐沐一下就决定了，他要来做这个路由器。

第二个故事是来自小米路由器的1元公测。KK说，为什么我们会搞“小米路由器1元公测”？其实这是为了让用户参与进来帮我们做测试。像路由器这样的网络设备，中国每个省、每个城市的网络可谓是千奇百怪，怎么保证小米做的路由器在中国各个角落都可以捕捉到？最好的方法就是公测。标价1元，这是一个态度，让用户很开心，花一元钱买一个这么高端的路由器，然后里面还有1T的硬盘，还有迅雷白金会员卡什么的，超值。这是一个态度，他们知道小米很尊重他们。第二个态度是什么呢？这是一个玩具。什么意思呢？小米希望用户去玩它，而不是纯粹用它，小米会鼓励用户去想要怎样来玩儿这个路由器，要怎样来用这个硬盘，要怎样来用其它的硬件，还有小米给他们提供的免费软件。于是小米一下子多了很多“测试人员”和“产品经理”，他们已经完全超出了KK的预期——竟然还有专业设计师。于是KK感叹道：“你真的不得不佩服用户的设计，非常漂亮。让用户参与产品测试这个开放模式是靠谱的。”

2. 小米的自媒体营销奥妙

如今市值已经超过400亿美元的小米公司对其广告投放的数据依旧讳莫如深。黎万强多次在公开场合重复一个故事："2011年6月，我们开始找小米手机的营销负责人。我跟雷总见了若干人，来的人总跟我们说，'你去打广告''你去开实体店'……我们很失望，小米要找的并不仅是销售，而是一个真正理解互联网手机理念的人。当时找不到合适的营销负责人，雷军就让我上。当时我第一个想到的是凡客，我们要学习凡客的先进经验，所以就做了一个3000万路牌的方案，结果被雷总全盘否定。"在这个积极向上的励志故事中，有99%的肺腑之言，却有一句最关键的假话——"不花一分钱把营销做起来"。

黎万强的所谓的零成本营销刻意混淆了硬广和软广，特别是没有把小米的自媒体营销计算在其中。小米抓住了互联网时代绝佳的时机，全力推动去权威化的自媒体运营计划，从CEO、创始团队到员工全体上阵，以"天天上头条"的精神，快速地传播和复制着个性化的情感信息，而为了减少信息在传播过程中的衰减，小米甚至率先砍掉了公司中层。所谓的小米式自媒体营销就是一场"让员工成为粉丝，让粉丝成为员工"的互联网营销狂欢。

黎万强曾在"新媒体的商业化和产品化"主题大会上，发表过一篇关于企业如何运营自媒体的演讲。他指出："今天是一个社会化媒体传播的时代，其实大家面对的信息都是碎片化的，大家的时间也碎片化了。"每一个公司都应该适应这个时代特征，快速地让自己转型成自媒体。

那么，小米到底是如何通过自媒体运作获得营销成功的呢？

今天，用户接受信息的方式，是嵌入式的，更倾向于“我每天都能看到你”。用户更关心故事而不是口号。以前的企业更依赖于广告公司，把创意和营销策略外包出去，研究好一个口号，然后通过销售渠道用广告和宣传密集性地轰炸目标用户。小米清醒地意识到这种营销模式已经不再适应当今的市场需要。

小米的口号是“为发烧而生”。小米虽然推出了这个口号，却并不是按照传统的广告思路把它挂在嘴边的，而是通过身体力行来见证这种追求卓越的精神。小米的工作人员抓住一切的机会与业内人士交流他们对性能的在意，然后自然而然地产生出很多碎片化的故事。

在传统的广告营销时代，企业做一个策划案，往往不到一年就失效了，而小米成为自媒体之后，每一天都在源源不断地产生信息。黎万强总结了以下四点成功经验：第一，要把公司转型成自媒体，就要花力气，要当成核心战略来做。小米甚至花力气组建了一个运营团队，专门做自媒体内容。第二，做自媒体，要先做好服务再开展营销。须知，消费者关注某一企业的自媒体是源于服务需要的推动。简单来说，用户关注某手机厂商，往往源于对某种服务的需要，咨询和维修是最大的推动力。小米的运营团队只有 70 人左右，80% 都在做客服。在当下，所有做自媒体的企业，都有一个简单方向就是先做好服务。第三，企业做自媒体要有坚持每天上头条的信念。在今天的社交媒体平台上，所有能被用户看到的信息都是按照时间来排序的，企业稍微懈怠就会马上被淹没在信息的洪流中。小米在这一点上下足了本钱。比如，青春片大行其道的时候，小米就做了个小米青春版。韩剧《来自星星的你》火爆的时候，他们就在食堂贴通知，请所有员工喝啤酒、吃炸鸡。第四，让员工成为粉丝。小米的很多员工就是小米的铁杆粉丝，市场、研发、测试、客服人员都深入了解企业产品并认同企业文化。而也只有员工自己使用自己的产品，热爱自己的产品，才能把这种对产品的信心传递给用户。

3. 邀请用户参与产品设计

小米手机的 MIUI 系统曾经有一个推广目标：不花钱把系统做到 100 万用户。主管产品营销的副总裁黎万强思来想去决定通过论坛来做口碑。他日以继夜地泡论坛寻找资深用户，而只有几个人的团队却注册了上百个账号，天天守着论坛灌水发广告，最终筛选了 100 位超级用户，邀请他们参与 MIUI 的设计研发。凭借这 100 位超级用户的口碑传播，MIUI 迅速在手机论坛里火了起来。

在那一时间段里，小米的全部工程师都被要求按时回复论坛上的帖子，而雷军自己也每天抽出一个小时来回复微博上的用户评论。而论坛上的“技术帖”每天都能新增 8000 多条，小米当时有 50 多个工程师，平均下来每人每天要回复 150 个帖子。而小米为了给用户被重视的感觉，在每一个帖子后面都添加了状态栏，用以显示建议被采纳的进度以及负责跟进的工程师 ID。

不同于其它论坛的纯粹线上互动，小米专门组建了“同城会”。小米官方会根据后台数据来分析每个城市的用户数量，决定举办活动的顺序，每两周都会在不同的城市开展“小米同城会”。小米在论坛上呼吁用户报名参加活动，每次邀请 30-50 名用户，当面与工程师交流产品问题和使用体验心德。除了官方活动之外，小米还支持米粉自发举办同城会。统计一下，我们就会惊讶地发现，小米在全国各大城市已经拥有 300-400 个同城会了，平均每周都有十五场活动。小米官方还对这些活动提供诸如手机、文化衫、米兔和周边配件做礼品。发展到后来小米索

性把每年的4月9日作为“米粉节”，并于2012年、2013年2014年、2015年连续举办了四次成功活动。那一天大量米粉从全国各地涌入到北京共享盛会，而雷军也登台致敬，向他们汇报小米的成绩，讲诉米粉自身的故事，让他们感受到企业对用户的尊重和爱戴。小米的这些强大的线下活动平台，充分调动了用户的参与感，极大地增加了用户粘性。

积极与米粉交朋友是小米企业文化中最重要的一个部分。为了鼓励全体员工与米粉正面互动，小米赋予了一线员工很多权力。而小米还大胆地赋予了用户一定的权力，为他们特别成立了“荣誉开发组”，让他们试用未发布的新机型，甚至邀请用户参与绝密级别的产品开发。虽然这样小米自己承担了风险，但却赢得了用户的认可。

当然，除了可以依靠海量的米粉达到产品二次传播的目标，小米让米粉参与产品研发，真正的目的是要生产能够满足用户需求的产品。小米并不是这一手段的开创者，几乎所有的互联网公司都有邀请用户参与产品研发的习惯。比如，我们卸载过很多的互联网产品，每一个都要求用户填写卸载原因。再比如，一些网络游戏在正式发布之前，都会进行大范围的公测，然后根据用户的评价对产品进行优化。很多互联网公司都坚持这种“小步快跑、快速迭代”的产品开发理念。在互联网行业打拼多年的雷军非常认同这一产品优化的方法，所以他们的MIUI系统每周都要升级。

在小米的官网论坛已经有数以千计的重度发烧友参与过小米产品的改进计划，这支荣誉顾问团是小米产品测试、研发、体验、建议等环节中不可或缺的部分，为小米的系统测试和产品体验贡献了巨大的力量。所谓“高手来自民间”，2000多名用户的产品体验，反馈出产品在各个层面的缺陷和不足，小米的这种互联网研发思路，确保了产品的人性化设计和其在同类产品中的领先地位。

下面是几个由用户参与带来小米产品创新的例子：

（1）手电筒功能。

“因为停电被困在黑暗的电梯里，在手机上却找不到手电筒图标，雷总，能不能添加容易找到的手电筒功能呢？”这是在小米社交工具米聊中，一名用户向雷军发出的建议，很快小米的新版中就添加了手电筒功能，用户摁着 HOME 键，就可以轻而易举地打开手电筒。小米积极采纳用户的建议，真正做到了关注用户体验和尊重中国本土用户消费习惯。

（2）默认壁纸。

默认壁纸决定了用户拿到手机的第一感受，而雷军在微博中发出了欢迎米粉投票的倡议，并最终根据米粉的投票结果选定了壁纸。

（3）定位找回功能。

雷军自己发微博说，有朋友在滑雪时丢失了手机，觉得定位和远程删除数据的功能非常重要，因为智能手机里面存储了大量私人数据。这得到了很多米粉的认同，很快小米就增加了定位找回的功能。

据说，雷军的通讯录里有超过 1000 名米粉的电话，就是在他们的支持下，小米才得以推出数百项符合中国人习惯的创新设计。我们在生活中使用的很多产品，只要稍稍改动就能够满足用户的需要，可是这些生产产品的企业既没有让用户参与设计的想法，也没有向用户提供意见反馈的渠道。

最后以黎万强的话作为结尾：“很多年轻的用户所消费的不单纯是产品的某一个功能，而是一种参与感——我参与其中，说出我的意见，你尊重我，采纳了我的意见，那么我很乐意推荐它，因为我能够跟着它一起成长——这种感觉很重要。”

4. 给“米粉”定制一个“雷布斯”

粉丝经济价值的实质是强关系链下具有感情色彩的“信任背书”，是社交媒体最先发现了它。苹果公司曾在其产品营销的过程中身先士卒，并且获益匪浅。有人专门研究过苹果的传播原理，认为苹果的企业品牌能够带给其员工和顾客改善生活的深切情感体验，赋予他们存在的意义。

由于企业现在获取粉丝的成本相当低廉，而粉丝又对自己的偶像在情感认知方面尤为忠贞，越来越多的强势品牌在市场上掀起宗教般的狂潮，并轻易地借助这种狂潮进行着产品的二次传播。这种通过个人魅力驯化粉丝的手段起源于“苹果之父”乔布斯。在中国，魅族科技的创始人黄章曾经成功复制过这一模式，最终由小米通过社交媒体发扬光大。

BBC 曾经在一部名叫《超级品牌的秘密》的纪录片里对某一果粉进行了一项有趣的测试。这一测试记录了“极度痴迷者”在看到苹果相关内容后的反应。实验者向实验对象展示了大量包括苹果产品和非苹果产品的照片，实验对象的表现令人吃惊，当他看到苹果产品的照片时被激活的大脑区域和有宗教信仰的人看到相关图片时被激活的大脑区域一致。

如果粉丝信仰真的是宗教信仰，那么苹果的成功，乔布斯的个人魅力功不可没。小米在其口碑营销的过程中也必须推出一个教主式的人物，这个人物要像乔布斯一样有特点，有号召力，有影响力。对小米而言，最好的品牌代言人就是雷军。雷军作为互联网的先行者，在业内曾经与马云、马化腾等人平起平坐，本人又是著名的天使投资人，有巨大的影响力，天然地具备成为教主的光环和潜质。

我们可以从新闻中找一找线索，看看小米是如何把雷军包装成“雷布斯”的。首先，雷军在小米发布会上的手势、演讲以及演示文稿的做法、会场的布置风格都非常接近乔布斯的风格。雷军的黑色T恤和蓝色牛仔裤，也被火眼金睛的网友指出是在模仿乔布斯。虽然雷军之后多次公开调侃自己：“只是穿了一条牛仔裤。”但这一切都已经对广大用户产生了一种“小米是中国的苹果，雷军是中国的乔布斯”的心理暗示。其次，雷军无论是在媒体采访还是在自媒体中从来不掩饰自己对乔布斯的敬仰，其新闻不时和乔布斯、苹果这两个关键词相关。

2011年雷军在微博发布言论：“乔布斯我没见过。他的问题我都想明白了，就算见了，也没什么问题可问他的。乔布斯有一天也会死，我们还有机会。”该言论马上遭到以360董事长周鸿祎为首的一众网友的批判。雷军不得不公开道歉。

某网友转发出雷军在接受采访时说过的话：“乔布斯有一天也会死，所以我们还有机会。我们生存的意义就是等待着他挂掉。当然，一方面，我们衷心希望他万寿无疆，而另外一方面，我们不希望他太强的光芒使这个世界黯然失色，我们希望这是个五色斑斓的世界。然而，这个世界没有神，因为新一代的神正在塑造。”这件事正好发生在2011年10月，小米手机上市前夕，而业内普遍对苹果5的上市预测为9月初发布，9月底在欧美上市，11月初在国内上市，小米有可能与苹果5正面交锋。雷军的这次乌龙事件相当于一次完美的炒作。

另外，由于小米手机的外观与苹果也颇为神似，所以果粉拿小米和苹果进行比较，直斥小米手机山寨苹果。雷军通过微博回应说：“苹果的精髓是无法模仿的，小米需要专心把产品做好，走一条自己的路。”

最后，小米把雷军包装成一种“高大上”的科技感。在第二届“米粉节”上，小米除了公布出2012年卖掉719万部手机的出色销售成绩

和 MIUI 急剧扩张的用户数量，还在现场展示了雷军的荣誉头衔。比如，他被《财富》杂志提名为全球 11 位颠覆商业规划的创新者之一。为了拉近他和米粉的距离，把他定位成“程序员、发烧友以及无线电爱好者”，程序员令用户相信他懂技术，发烧友让他看起来和用户一样热爱手机，而无线电爱好者的身份则令人联想到苹果的另一位创始人沃兹。

雷军没有偶像包袱总能在各种场合自然地与米粉互动，让米粉感受到他对米粉的尊重和关注，无形中拉近了他们的距离。目前雷军在新浪微博的粉丝数量已经超过 1200 万，是名副其实的大 V。区别于一般大 V 把微博当作喇叭，单向对粉丝喊话的做法，雷军经常会回复用户提问，不时会转发用户撰写的产品体验。他还曾经发私信邀请一些科技测评人参观小米工厂，体验手机的制作流程。而在 2012 年 3 月 10 日，雷军还在微博上发布“我喜欢数码，# 我是米粉 # 雷军。小时候组装过收音机，大学的时候用烙铁焊过电路板，现在超级喜欢数码，收藏了一堆手机和 pad。做你喜欢的事情，才有机会做好！ @ 小米公司”。随后小米的七大创始人都在其个人微博打出了“我是米粉”的宣言，并附有个人照片。这些点点滴滴的小事一天天累积起来，帮助小米团队塑造了亲善的公众形象。

事实上，除了小米的雷布斯，锤子科技的罗永浩也是如此。中兴、华为、联想等小米的竞争对手也在努力学习这种粉丝营销模式，试图打造自己的雷布斯。而小米对雷军的包装是有步骤有计划的。就像明星在培养自己的粉丝群体时，首先会在百度贴吧或网络社区上建立粉丝基地，然后定期举办粉丝见面会一样，企业如果不能按部就班地与粉丝互动，就难以获得粉丝的认同感和归属感。企业花力气举办那种带有浓重推销色彩的活动，不但不能获得用户的好感，反而会被用户当成骚扰。而小米也是以“共同爱好”为出发点才能将米粉牢牢地凝聚在一起。

针对“小米手机装着很高级的壳，却是国产垃圾”的网络言论。雷军反击说：“本来想拿波导开玩笑，说小米手机是手机中的战斗机。结果人家说我们是手机中的神州电脑。”雷军指出制作一款好的手机，首先要有一流的设计团队，然后有一流的供应商，真材实料的加工，最后进行严格的性能测试。小米手机就是这样做出来的。而雷军还拿出自己的小米手机做实验，把它从 1.6 米的高处摔到水泥地上，尽管电池飞出，手机仍然能够正常开机，没有任何问题。雷军说：“小米手机是大屏高端智能手机，比传统手机复杂很多，也娇贵很多，摔跌试验只是其中一种。我示范一下，只是表达一种态度：我对小米手机的品质非常在意，我们非常努力地在做好手机。”

雷军的行为艺术恰到好处地吸引了消费者的关注，增强了粉丝对小米的情感认同。可以说，他是一位成功的行为艺术家，也是一位杰出的企业的形象代言人。

5. 米兔：潜移默化的品牌植入

在2014年初，雷军在发给小米全体员工的新年贺卡里列举了小米在2013年创造的所有成绩。他在邮件中特别写到：“米兔玩偶售出了50多万只，这其中都凝结着米粉沉甸甸的爱。”

小米的疯狂营销，不仅体现在他们可以轻易地把“xx分钟销售了xx万台”刷上话题榜，还体现在把米兔潜移默化地融入消费者的娱乐生活，使它成为绝大多数年轻人眼中的萌物。这才是小米“粉丝经济”的真正实力，潜移默化的品牌植入能力。

那么，米兔是如何打动年轻人的呢？这就不得不提到小米在品牌塑造策略上的两大原则：首先是尊重年轻人的文化，投其所好。其次是在销售的过程中以提升用户的参与度为重心，与用户合作完成品牌建设。

负责小米营销策划的副总裁黎万强曾经在2014年初的极客公园年度公开课上发言说，想赢得年轻人的市场，首先要了解他们的喜好。而亚文化就是当下90后和85后喜欢的东西。但特别要注意的是，能让90后和85后产生共鸣的亚文化，并不一定适合其它群体。比如，备受年轻一代追捧的暴走漫画，在其它年龄的用户眼中如同文化垃圾，他们难以接受这些恶搞情节。再比如，当下流行的弹幕类视频网站，强调了观众的参与性，却令其它年龄段的用户感到莫名其妙。黎万强说：“当我们说今天的年轻人没救了，整天看恶搞的东西，但却忽视了其实这背后是大家看内容的方式和习惯发生了变化了。”如果根据个人的好恶简单地排斥这些新变化，就会失去了解市场的好机会。须知，这些文化现象的出现隐藏着人们消费观念的变化。

黎万强还说："最早大家都是功能式的消费，然后到了品牌式的消费，然后到了体验式的消费。过去两年业内都在讲体验式消费，但是，我认为今天这个时代已经进入参与式消费的时代，它是整个消费理念的革命。"无论是暴走漫画还是弹幕视频网站都赋予了受众极高的互动权限。MIUI 就是在与用户不断互动的过程当中开发完成的。小米没有刻意的营销，它一直以来所做的工作，其实是在产品生产的过程中建立一个便利的平台，供粉丝进行二次创作，使他们主动参与到产品销售中去。小米通过这种模式获取到很多用户的宝贵意见，不断改进产品的生产工艺，也带给粉丝巨大的成就感，从而形成一个正向滚动的链条。

比如，在 2013 年 12 月，小米曾为其路由器的发布进行市场预热。小米的代言人兼 CEO 雷军早早地在其微博上传了截图。这张照片很快就在社交媒体上掀起了"恶搞小米路由器"的热潮。热情的网友们把它 PS 成各种新奇有趣的产品，为其正式发布聚集了大量人气。

创造米兔的灵感来源于小米内部员工的建议，雷军曾经鼓励小米的年轻员工"做点儿好玩的事情，用 80% 的精力做主业，20% 的精力想干嘛就干嘛"。于是很多内部"米粉"建议设计一个品牌吉祥物，于是"米兔"就在大家的倡议下诞生了。它是一只带有雷锋帽的呆萌兔子，形象憨态可掬。它热爱生活，喜欢探索一切新奇有趣的事情，极具极客精神。它的身影普一出现在小米手机的系统里就俘虏了大批年轻用户的心。自从有人提议给米兔定制几套服装，局面就一发不可收拾。米兔逐渐有了自己的生日、血型、星座、爱好、最喜欢的食物、最讨厌的事，甚至还有了个女朋友"米妞"……

随着小米品牌在市场的火爆，周边产品越来越多，文化衫、帆布鞋、遥控飞机、钱包、背包……款款畅销，仅 2013 年其网售配件的收入就超过了 10 亿，而这个比例还在不断增长。

当然小米科技创造“米兔”的初衷并非为了盈利，而是为了与米粉展开情感互动，回馈米粉对小米的热爱，并通过大批的周边商品来展现企业的时尚品味，输出品牌文化，投其所好地吸引年轻消费者。

6. 小米的“爆品”策略

黎万强在《参与感》一书中提到：“做粉丝、做爆品、做自媒体，是小米营销的三个基石。”2014 年 8 月的手机市场统计数据显示，在中国市场在售的机型多达 842 个，并且以每月 50 个的速度不断增加。在这片竞争激烈的红海里，每天都有品牌倒下，小米应对这一残酷市场竞争的策略就是做“爆品”。

对于生产爆品，黎万强的看法是：“产品规划的某个阶段要有魄力只做一个，要做就要做到这个品类的市场第一。产品线不聚焦难以形成规模效应，资源太分散会导致参与感难于展开。”所以在小米科技的产品流水线上，只有 MIUI 和手机这两款“爆品”。小米在生产“爆品”的过程中总结出六条经验：要加强用户在产品开发、测试、迭代中的参与度，让产品和用户一同成长；产品改进要根据媒体热度、舆论热度和口碑热度来定义优先级；产品设计要围绕用户体验展开；要做到产品活动化，活动产品化；只做极致化产品；用户和团队应该互相激励。由此可以看出，小米把用户参与放在第一位，并贯彻到产品生产的每一个环节。

而小米又为什么对“用户参与”如此执着呢？2011 年市场中的其它竞争对手还在为硬件跑分疯狂的备战，小米的 MIUI 系统已经靠着用户参与改进的方法，潜行了一年。8 月 16 日小米手机正式亮相的那一天，MIUI 已经为其积累了 50 万米粉，这对深陷安卓机海大战的小米至关重要。

小米之所以能够在智能手机市场的竞争中无往而不利，是因为它抢

先发现了移动互联网时代一个鲜为人知的事实：“过去，专业者和业余者之间永远存在着一条界线，但在未来两者分开也许会越来越难。”这是手机市场自诺基亚时代开始从未有过的挑战——越来越多的民间“测评高手”成长起来。小米的策略是在这些“测评高手”没有登上辩论舞台之前，先一步把他们吸收为粉丝。而雷军擅长的天使投资正是解决这一难题的有效手段。

而事实上，“爆品”的真正意义并不在于做出什么能引爆市场的好产品，而在于让用户拥有使用产品的幸福感。吉利集团的董事长李书福说过这样的话：“汽车就是四个轮子加几个沙发，再加一个车壳和发动机。”意在抹杀汽车行业内技术与品牌的差异。小米的爆品策略本质上就是这一妙论的翻版：让用户自认拿着 2000 元的手机却拥有使用 6000 元手机的幸福感。

2014 年的小米一面用红米这样的经典“爆品”下探低端市场，与山寨机争抢地盘，一面用不断迭代的“爆品”MIUI 拉动核心产品的附加值，以低价高质的方法博取用户口碑，步子迈得无比稳健。

2015 的小米不得不面对愈加成熟的移动互联网智能手机市场，陷入两线作战的窘境，一方面不愿脱掉 T 恤和牛仔裤的“雷布斯”马上要迎来更年轻、更出位、更不喜欢按常理出牌的挑战者；另一方面小米手机的很多高质低价“爆品”要在低端市场直面竞争对手那些跟风产品的挑战。

但无论如何，小米科技已经通过“爆品”在消费者心中打造了一个图腾化的品牌，就像以前的李书福在说“汽车就是四个轮子加几个沙发”，今天的李书福在说“传统汽车工业正在走向破产”，而雷军和他的小米也是如此。